AF748112

GESTION ET MAXIMISATION DES PROCÉDURES DES MARCHÉS PUBLICS

Tome 5

Exécution financière des marchés publics

Malick Guibril NDIAYE

GESTION ET MAXIMISATION DES PROCÉDURES DES MARCHÉS PUBLICS

Tome 5

Exécution financière des marchés publics

Sénégal
L'Harmattan

© LE HARMATTAN-SENEGAL, 2022
10 VDN, Sicap Amitié 3, Lotissement Cité Police, DAKAR

senharmattan@gmail.com
senlibrairie@gmail.com

ISBN : 978-2-343-22673-6
EAN : 9782343226736

PREFACE

Écrire une préface n'a jamais été une chose aisée. Selon son étymologie latine, préface, signifie, « dire d'avance ». Suivant la perception contemporaine, il s'agit de faire ressortir l'intérêt que l'on a pour l'auteur et le texte qu'il présente et y introduire le lecteur.

C'est une manière pour celui qui écrit la préface de préciser comment il a lu le texte, et ce qui a attiré son attention. Elle constitue le moment d'exposer, sans complaisance, l'originalité et la précision du travail présenté, ce qu'il a compris, comment il l'a compris.

Que peut-il se passer, quand on est en présence d'une pratique professionnelle, de plus de trente ans (celle d'un spécialiste en marchés publics de surcroît chargé de formation, depuis plus d'une décennie, en master II- marchés publics) ?

Il en découle immanquablement un exposé pointu sur les objectifs et l'explication des différents outils à disposition pour passer et gérer lesdits marchés.

En découle aussi l'exploration de pistes nouvelles nées « du vécu » de l'Auteur, pour analyser comment les choses se passent, et valoriser les bonnes pratiques professionnelles. C'est dans ce contexte que cet ouvrage trouve sa source.

Le titre de cet ouvrage souligne une ambition : contribuer à une meilleure pratique de la passation et du suivi de l'exécution des marchés.

L'enjeu est important, puisqu'il s'agit de donner davantage de sens aux investissements étatiques, en s'appuyant sur la connaissance, pour que le choix des prestations ne porte que, sur celles qui répondent, au mieux, aux besoins définis par une Autorité contractante.

Cet ouvrage est donc un recueil des bonnes pratiques en passation, exécution, contrôle et archivage des marchés. Il y est décrit tous les processus de passation et d'exécution des marchés et, chaque fois que cela s'avère nécessaire, des annotations, destinées à préciser le sens et la portée exacts des procédures prévues dans la plupart des Codes ou autres réglementations sur les marchés publics, sont proposées. Il peut s'agir en particulier : Il peut s'agir en particulier :

- de commentaires pour expliquer certaines dispositions du Code des marchés publics, de ces textes d'application ;
- de commentaires sur les bonnes pratiques ou de notes relatives à des cas puisés dans le vécu de l'Auteur.

Le lecteur y trouvera des points de cours pour des soucis de précisions, mais aussi des cas pratiques.

Cet ouvrage se base sur les dispositions de plusieurs Codes des marchés publics de la sous-région mais s'inspire des clauses des Dossiers types qui leurs sont associés pour analyser les Procédures prévues dans ces Codes des marchés publics (PPCM) et en présenter les avantages et inconvénients.

Pour tenir compte de la particularité de la matière, l'auteur invite les personnes intervenant dans les marchés publics à avoir, un regard multi référencé, sur la détermination des critères de sélection, permettant de mieux apprécier la capacité des Candidats, à mener les marchés à terme. Il établit, à cet effet, une parfaite symbiose entre la réussite de la passation de marchés et l'analyse des éléments financiers ou de comptabilité devant conduire à la pré-qualification ou à la post-qualification de Candidats.

Abordant avec pertinence la démarche en coût global pour acquérir des biens, travaux ou services, l'auteur a démontré l'intérêt à prendre en compte, pour le choix de l'attributaire, les charges de fonctionnement ou d'entretien, pendant la durée de vie utile de toute acquisition ainsi que son impact sur l'environnement.

Avec une approche originale, il s'est intéressé à la consommation de carburant, pendant la durée de vie utile d'un véhicule, pour qu'elle puisse être prise en considération lors de la comparaison des offres. Ensuite, il a fait le parallèle entre la consommation carburant et la quantité dégagée en gaz carboniques, pour faire appliquer une « taxe » pour la protection de la couche d'ozone.

Sans vouloir dévoiler le contenu du livre dans cette préface, il faut souligner que l'auteur aborde, sans faux- semblants, l'activité de passation des marchés, en soulignant les erreurs qui peuvent survenir, tout en faisant ressortir qu'elles ont des origines parfois systémiques et parfois humaines. En effet, des interprétations sont souvent source d'erreurs, qui parfois sont lourdes de conséquences.

Les praticiens des marchés qu'ils soient juristes ou non, techniciens, Maîtres d'ouvrages, Maîtres d'œuvre, ou Entrepreneurs, peuvent y trouver une réponse à plusieurs questionnements.

Le style de l'écrit clair et convivial est de nature à apporter, beaucoup, à tout praticien intervenant dans les marchés publics (débutant ou plus chevronné) qui chercherait à perfectionner sa propre pratique, pour atteindre plus aisément les objectifs nouveaux fixés par le Système de passation des marchés publics. Il me semble être aussi, un précieux instrument pour tout auditeur en marchés publics.

MGN

**** ***

PRESENTATION DE L'AUTEUR

M. Malick Guibril NDIAYE est un économiste planificateur diplômé de l'Université Cheikh Anta Diop de Dakar (UCAD). Il a commencé sa carrière administrative en 1980 à la Division de la Planification générale de la Direction de la Planification, au Ministère du Plan et de la Coopération.

Désigné représentant dudit Ministère à la Commission nationale des Contrats de l'Administration rattachée au Secrétariat général de la Présidence de la République, il s'est familiarisé aux procédures de la commande publique sur la période 1982-88 en qualité de vérificateur des procédures de passation des marchés.

M. NDIAYE c'est par la suite spécialisé en obtenant le certificat de l'Institut international du Droit du Développement devenu Organisation internationale du Droit du Développement (IDLO) à Rome, en Italie), sur les procédures des bailleurs et la passation des marchés et la conclusion des contrats internationaux de construction avec application des règles de la Fédération internationale des Ingénieurs-Conseils.

A partir de 1993, M. NDIAYE en qualité de spécialiste en passation des marchés, participé à la mise en œuvre de plusieurs projets de développement à savoir :

- le Projet d'Appui aux Groupements féminins, sur la période 1993 à 1999 sur financement de la Banque africaine de Développement (BAD) ; cumulativement à ses responsabilités d'expert en conception et évaluation de projets, il a déroulé toute la passation de marchés des composantes du projet ;
- le Programme national d'Infrastructures rurales (PNIR) intéressant 100 collectivités locales du Sénégal sur la période (2000- 2005) financé par l'Association internationale pour le Développement du Groupe de la Banque mondiale ;
- le projet « Gestion intégrée des Ressources marines et côtières (GIRMaC) » (2005-2006) financé par l'Association internationale pour le Développement du Groupe de la Banque mondiale ;
- le Programme national de Développement local (PNDL) (2006-2007.
- le Programme de Coopération Luxembourg-Sénégal, PIC 2 de 2007 à 2010.

- le Projet régional des Pêches en Afrique de l'Ouest (PRAO-Sénégal) financé par l'Association internationale pour le Développement du Groupe de la Banque mondiale (2010 2017).

M. Ndiaye est certifié spécialiste en passation de marchés par le Centre africain d'Etudes supérieures en Gestion (CESAG) en 2000, par l'Institut Supérieur africain pour le Développement de l'Entreprise (ISADE) en 2001, par la Banque mondiale 2006, et par « Espace Scientifique et technique (EST) » Tunisie en 2013. Il est accrédité Manager spécialiste en marchés publics par SETYM International en relation avec l'Université du Québec à Montréal sur la période septembre 2016 septembre 2021

M. NDIAYE fait partie du groupe d'experts choisis par l'Autorité de régulation des marchés (ARMP) Sénégal pour assurer la formation des agents des autorités contractantes sur les procédures de marchés publics.

Il a pris part à la formation des cohortes d'assistants en marchés publics organisée par l'Office national de Formation professionnelle (ONFP) Sénégal.

Depuis l'année académique de 2003-2004 à nos jours M Malick Guibril NDIAYE est vacataire formateur en marchés publics à l'Institut Supérieur de Management (ISM). Il a en charge de dérouler le contenu de modules relatifs à la passation des marchés, aux procédures des bailleurs, à l'exécution technique et financière des marchés publics, au contrôle et à l'audit des marchés et enfin au " Partenariat public privé".

Plus d'une centaine de spécialistes en passation de marchés confirmés, pour lesquels il a participé à leur formation, sont en service dans au niveau de projets et programmes de l'Administration sénégalaise et dans les pays de la sous-région, ainsi qu'au niveau des institutions sous régionales (BCEAO, BAD et CEDEAO).

**** ***

PRESENTATION DE L'OUVRAGE

A QUI EST-IL DESTINE ?

Ce livre est destiné aux agents des Autorités contractantes et intervenants dans les marchés publics et qui ne disposent pas des compétences administratives et techniques ni de l'expérience nécessaires à son bon déroulement. Il s'adresse dans une moindre mesure aux spécialistes de la passation des marchés, qui n'y trouveront pas les réponses aux questions très précises qu'ils peuvent se poser. Il ne concerne pas l'exécution de marchés complexes. Il y est traité l'exécution des marchés courants intéressant la majorité des Autorités contractantes.

COMMENT EST-IL ORGANISE ?

L'exécution des marchés revêt une très grande importance puisqu'en dépend la parfaite réalisation du marché, c'est-à-dire l'adéquation entre les besoins exprimés et la réussite de l'acte d'acquisition. Elle constitue la phase critique de mise en œuvre de tous les éléments préparés lors de la passation du marché ; c'est aussi la période de gestion administrative, financière et technique des événements prévus ou non sur un chantier.

Le suivi rigoureux, au plan administratif, technique et financier de l'exécution des marchés est le gage d'une mise en œuvre d'une politique d'achat efficace et efficiente. Pour le suivi et la vérification des processus, la Personne Responsable du marché public doit disposer d'une vue d'ensemble du cadre juridique des marchés publics, mais aussi des dispositions générales contenues dans divers autres documents définissant les obligations du marché. Cette vue d'ensemble permet de gérer la manière dont les différentes phases de l'exécution d'un marché s'articulent entre elles. Pour ce faire, il lui importe :

Au niveau de l'exécution financière du marché, cela revient à gérer :

- les garanties pour l'exécution des marchés ;
- le financement, les avances ;
- les retenues de garantie et équivalents ;
- les ordres de service, les attachements, etc. ;
- savoir gérer les prix des marchés, la révision des prix ;
- le règlement des prestations, les acomptes et décompte et les contrôles avant paiement, les délais de paiement, les intérêts moratoires ;
- le décompte général et définitif des marchés de travaux et l'équivalent pour les autres marchés.

COMMENT PEUT-ON L'UTILISER ?

On peut l'utiliser de plusieurs façons :

1. en faire une lecture exhaustive, du début à la fin, méthode la plus fastidieuse; celle-ci ne présente que peu d'intérêt, mais permet d'avoir une vue d'ensemble sur l'exécution des marchés.
2. rechercher dans le sommaire les pages en rapport avec une question que l'on se pose ;
3. rechercher dans la liste des approches proposées la ou les page(s) apportant la réponse ;
4. utiliser l'index, qui indique par rapport à des mots-clefs les pages à consulter.

QUELLE EST SON AMBITION ?

Ce livre n'est pas une œuvre littéraire c'est un ouvrage technique dont l'ambition s'arrête à mettre à la disposition des intervenants dans les marchés un document de référence, d'accès aisé, leur permettant :

1. d'organiser au mieux la conduite de leur projet de marché;
2. de respecter la réglementation;
3. d'assurer la réussite de leur acquisition par la qualité de la réalisation.

**** ***

TABLE DES MATIERES

**** ***

CHAPITRE 0

DEFINITION DE MOTS UTILISES DANS L'EXECUTION DES MARCHÉS

1 Acompte

Le terme « Acompte » est une notion financière, qui constitue le règlement partiel des prestations déjà exécutées et figurant dans le décompte, il est acquis de droit avec un versement obligatoire pour tout service fait.

2 Acte d'engagement

Le terme « Acte d'engagement » désigne la pièce fondamentale dans la formation d'un marché, il consacre l'échange de consentements des parties et la démonstration de leur accord sur l'objet, le contenu et le prix de la prestation.

3 Actualisation

Le terme « Actualisation » est l'opération effectuée, sur la base d'une formule consignée dans le Cahier des Clauses administratives particulières (CCAP), aux fins, de faire évoluer le prix initial d'un marché pour avoir un autre prix ferme, en tenant compte, des variations économiques survenues entre la date de fixation de ce prix et la date de commencement d'exécution des prestations lorsqu'un, délai de plus de trois mois imputable à l'Autorité contractante s'est écoulé entre ces deux dates.

4 Attachements

Le terme « Attachements » désigne les relevés écrits ou graphiques, réalisés au cours des travaux, généralement de manière quotidienne, servant à l'établissement de mémoires, en particulier dans les cas où la vérification ultérieure de ces travaux serait impossible.

5 Avance

Le terme « Avance » est le mécanisme de préfinancement octroyé par une Autorité contractante en dérogation à la règle du « service fait », indépendamment des prestations effectuées par le titulaire du marché, si un document contractuel en prévoit les modalités d'octroi et de remboursement.

6 Avenant

Le terme « Avenant » désigne, l'acte par lequel les parties à un contrat conviennent de modifier ou de compléter par écrit une ou plusieurs conditions initiales d'un marché en cours d'exécution.

7 Bon de Commande

Le terme « **Bon de Commande** » désigne le document écrit adressé par l'Autorité contractante au titulaire du marché pour préciser les prestations décrites dans le marché et les quantités dont l'exécution est demandée. Les bons de commandes sont des modalités d'exécution, mais ne constituent pas eux-mêmes des marchés.

8 Bordereau de livraison

Le terme « Bordereau de livraison » est le document, établi par le titulaire du marché à la préparation de la livraison, il donne le détail des marchandises à livrer (nature, référence, quantité) et est remis à l'Autorité contractante ou à toute autre personne désignée par cette dernière pour faire le point sur les fournitures reçues et le signer en cas d'adéquation entre la commande et la livraison.

9 Caution

Le terme « Caution » est le contrat par lequel, un établissement financier agrée s'engage, envers une Autorité contractante, à exécuter le remboursement des sommes dues par un titulaire de marché, au cas où ce dernier ne satisferait pas, lui-même, au remboursement desdites sommes, tout en s'octroyant la possibilité de subordonner le règlement des sommes garanties, à la justification de l'événement qui a entraîné l'appel des sommes dues.

10 Certification

Le terme « Certification » est un acte pris par une Autorité contractante qui concrétise la dette de l'Administration en assurant que, le titulaire a bien accompli ses engagements, selon les prescriptions contractuelles prévues par le marché et les obligations qui lui étaient imposées.

11 Crédit documentaire

Le terme « Crédit documentaire » est une relation commerciale établie sous forme de crédit révocable, de crédit irrévocable ou de crédit irrévocable et confirmé, entre une Autorité contractante et un fournisseur étranger qui s'exécute par le biais de deux banques : l'une au niveau du théâtre des opérations, c'est la banque émettrice et l'autre dans le pays du fournisseur, c'est la banque notificative, ceci afin de faciliter le règlement des achats faits à l'étranger.

12 Décompte

Le terme « Décompte » est un document administratif établi par le Maître d'œuvre sur la base des attachements ; il fixe le total des sommes cumulées auxquelles le titulaire de marché peut prétendre, du fait de l'exécution des opérations réalisées antérieurement et matérialisées par les visas réglementaires prévus à cet effet.

13 Décompte définitif

Le terme « Décompte définitif » est le document administratif contradictoire établi après l'achèvement des travaux, pour déterminer le restant des sommes dues, en tenant compte des acomptes payés et des éventuelles pénalités.

14 Engagement

Le terme « Engagement » désigne l'acte par lequel une Autorité contractante crée ou constate, à son encontre, une obligation de laquelle découle une dette soumise à une double légalité budgétaire et juridique.

15 Entrepreneur

Le terme « Entrepreneur » désigne la personne morale de droit public ou privé chargée, de construire l'ouvrage, dans le cadre d'un marché, en entreprise générale ou à titre d'entreprise titulaire d'un seul lot.

16 Exécution d'un marché public

Le terme « Exécution d'un marché public » désigne la mise en œuvre des activités pour la réalisation des prestations retenues au contrat et la gestion des implications et incidences administratives, financières et techniques provenant d'évènements prévisibles ou non.

17 Garantie à première demande

Le terme « Garantie à première demande » est l'engagement inconditionnel et irrévocable par lequel une banque s'oblige, sur ordre de son client (titulaire du marché), le donneur d'ordre, à verser un montant équivalent à la retenue de garantie à l'Autorité contractante ou Maître d'ouvrage (bénéficiaire de la garantie) sur la base des dispositions consignées dans le contrat.

18 Garantie bancaire

Le terme « Garantie bancaire » est, l'engagement par lequel, un établissement financier agrée s'engage, de manière irrévocable, envers une Autorité contractante, à exécuter, sans délai et sous aucune condition, le remboursement des sommes dues par le titulaire du marché au titre d'une avance ou lorsqu'il ne procéderait pas à la rectification des prestations objet de réserves.

19 Garantie de bonne exécution

Le terme « Garantie de bonne exécution » est une sécurité constituée par une banque agréée à la demande du titulaire d'un marché public, pour assurer la bonne exécution du marché, aussi bien du point de vue technique que du point de vue du délai d'exécution.

20 Garantie de bon fonctionnement

Le terme « Garantie de bon fonctionnement » ou encore garantie biennale est une garantie constituée par une banque agréée, à la demande du titulaire, pour aider à couvrir les désordres affectant les éléments d'équipement d'un bâtiment qui ne font pas indissociablement corps avec les ouvrages de viabilité, de fondation, d'ossature, de clos et de couvert.

21 Garantie décennale

Le terme « Garantie décennale » est la garantie constituée par une Compagnie d'assurance agréée, à la demande de l'Entrepreneur, pour couvrir la réparation de certains dommages pouvant affecter une construction, pendant une durée de 10 ans à compter de la réception définitive des travaux, sans qu'il ne soit nécessaire d'attendre une décision de justice.

22 Garantie de parfait achèvement

Le terme « **Garantie de parfait achèvement** » est la sûreté constituée, par une banque agréée, pour le compte du titulaire, à la demande de l'Autorité contractante et qui couvre tous les désordres et imperfections après la première qui suit la réception définitive, sauf ceux imputables à une usure normale ou causés par l'usage de l'ouvrage.

23 Garantie de restitution d'avance

Le terme « Garantie de restitution d'avance » désigne la couverture bancaire égale à l'avance consentie que l'Autorité contractante, pour se prémunir par rapport à une rupture prématurée du contrat, demande au titulaire du marché de lui fournir.

24 Garantie technique

Le terme « Garantie technique » désigne les sûretés demandées par l'autorité contractante après la mise à disposition d'un équipement, qui couvre, le démontage, le remplacement et le remontage du bien ou de l'équipement, ou des éléments du bien ou de l'équipement qui seraient, à l'usage, reconnus défectueux.

25 Index

Le terme « Index » est un nombre abstrait, dont l'évolution dans le temps se doit de représenter la métamorphose des coûts du type d'ouvrage auquel se réfère cet index.

26 Indice

Le terme « Indice » est un nombre abstrait dont l'évolution dans le temps représente l'évolution du prix d'un produit ou d'un facteur de coût particulier (Salaires et charges, matériel, ciment, etc.)

27 Intérêts moratoires

Le terme « Intérêts moratoires » désigne l'indemnité versée au titulaire du fait, de retard (au prorata du nombre de jours) apporté au paiement de la somme due au titre de l'exécution d'un marché.

28 Lettre de crédit irrévocable et confirmée

Le terme « Lettre de crédit irrévocable et confirmée » est le document émis par la banque locale qui contient un engagement ferme et une confirmation de sa part. C'est une procédure utilisée quand la banque étrangère a des doutes sur la situation financière de la banque émettrice ou la solvabilité de l'importateur.

29 Lettre de crédit irrévocable

Le terme « Lettre de crédit irrévocable » est le document émis par la banque locale qui contient un engagement ferme, à l'égard de l'importateur, à payer les traites documentaires qu'émettra le fournisseur étranger, même dans le cas où l'Autorité contractante prétendrait que la marchandise livrée ne serait pas conforme.

30 Lettre de crédit révocable

Le terme « Lettre de crédit révocable » est le document émis par la banque locale pour informer le fournisseur étranger ou à la banque étrangère qu'elle est chargée par l'Administration de payer des traites.

31 Liquidation

Le terme « liquidation » est le calcul fait par l'Autorité contractante pour arrêter la somme exacte due à un fournisseur ou à un prestataire, en fonction de l'engagement de la dépense, du niveau de réalisation de prestations et des retenues opérées.

32 Livraison

Le terme « Livraison » désigne l'acte par lequel le titulaire du marché remet les fournitures, biens ou équipements à l'Autorité contractante.

33 Mainlevée

Le terme « Mainlevée » désigne l'acte juridique par lequel un créancier (souvent la banque) ou une Autorité contractante déclare renoncer à une mesure conservatoire ou à une mesure d'exécution portant sur un marché, généralement après avoir été payée.

34 Mandatement

Le terme « Mandatement » est l'acte administratif par lequel l'ordonnateur donne ordre au comptable de payer, en lui fournissant un mandat de paiement comportant toutes les pièces justificatives de la dépense.

35 Montant exécuté du marché

Le terme « Montant exécuté du marché » correspond à la totalité des paiements TTC pendant la durée du marché (solde inclus), il peut différer du montant initial par application des clauses contractuelles lors de l'exécution du marché en tenant compte des variations des conditions économiques, des variations des quantités livrées au regard des quantités prévues, des avenants, des intérêts moratoires, des pénalités pour retard, des primes, des réfactions, et indemnités.

36 Montant initial du marché

Le terme « Montant initial du marché » correspond à l'évaluation établie aux conditions économiques initiales, de l'ensemble des sommes qui seront versées au titulaire en fonction des prix toutes taxes comprises (TTC) du marché.

37 Nantissement de créance

Le terme « Nantissement de créance » désigne le contrat par lequel le titulaire du marché public donne en gage à un établissement bancaire appelé créancier nanti ou bénéficiaire du nantissement, la créance qui résultera de l'exécution du marché public, en échange de quoi, l'établissement bancaire, le finance.

38 Ordonnancement

Le terme « Ordonnancement » est l'acte administratif de la Personne Responsable du marché donnant ordre à un comptable public de régler une dépense publique préalablement engagée et liquidée.

39 Paiement

Le terme « Paiement » désigne l'acte par lequel une Autorité contractante s'acquitte par un versement effectué soit par acompte, soit par solde sur la base d'un décompte, d'une facture liquidée pour se libérer de sa dette.

40 Pénalités de retard

Le terme « Pénalités de retard » peut être défini comme les amendes prévues au contrat et qui sont appliquées obligatoirement et sans mise en demeure préalable, sur les sommes dues au titulaire d'un marché, par simple confrontation de la date d'expiration des délais contractuels d'exécution et de la date de réception.

41 Primes

Le terme « Primes » désigne les sommes payées par l'Administration sur la base de clauses insérées dans le marché pour l'ensemble des prestations, ou certaines parties des prestations faisant l'objet de délais particuliers ou de dates limites fixées, aux fins d'améliorer leur exécution du point de vue de la qualité ou pour réduire leurs coûts de production.

42 Prix révisable

Le terme « Prix révisable » est le prix qui peut être modifié, pour tenir compte des variations économiques constatées pendant l'exécution du marché pour garantir l'équilibre initial du contrat voulu par les parties.

43 Réception définitive de travaux

Le terme « Réception définitive de travaux » désigne l'acte par lequel le Maître d'ouvrage reconnaît, un an après la réception provisoire, que les travaux ont été exécutés conformément aux contrats d'entreprises, que leur mise en œuvre est conforme aux règles de l'art et à leur destination.

44 Réception provisoire de travaux

Le terme « Réception provisoire de travaux » désigne l'acte par lequel le Maître d'ouvrage déclare accepter l'ouvrage, avec ou sans réserve, et constate que l'Entrepreneur a accompli, ses engagements contractuels, et que la conformité de leur mise en œuvre par aux règles de l'art et à leur destination se fera au terme d'une année d'observation.

45 Réception de biens

Le terme « Réception de biens » est l'acte par lequel une Autorité contractante déclare accepter les fournitures et biens reçus avec ou sans réserve directement des mains du livreur du titulaire du marché.

46 Règlement pour solde

Le terme « Règlement pour solde » désigne le versement, au titulaire, des sommes dues, au titre de l'exécution normale des prestations, objet du marché, déduction faite des versements effectués à titre d'acomptes et d'avance de toute nature non encore récupérés par l'Autorité contractante.

47 Retenue de garantie

Le terme « Retenue de garantie » est le montant constitué par les différentes ponctions effectuées par l'Autorité contractante lors des paiements d'acomptes pour couvrir les réserves éventuellement formulées à la réception des travaux, fournitures ou services.

48 Sanction non pécuniaire » ou « Sanction coercitive

Le terme « Sanction non pécuniaire » ou « Sanction coercitive » correspond à la possibilité que se donne l'Administration, sans que le contrat ne soit rompu, de confier l'exécution du marché à un tiers ou l'assurer elle-même en régie, aux frais du cocontractant défaillant lorsque son comportement révèle des fautes graves pouvant par ailleurs entraîner son exclusion des marchés à venir.

49 Sanction pécuniaire

Le terme "Sanction pécuniaire" désigne la pénalité ou pénalité de retard que l'Administration peut infliger à un cocontractant, lorsque ce dernier n'a pas pu réaliser, le marché, dans des délais contraints.

50 Service fait

Le terme « Service fait » est la constatation par la personne habilitée à vérifier la réalité de la dette ; elle sert comme référence pour la liquidation (le calcul) des pénalités de retard, les intérêts moratoires à l'achèvement des travaux, elle est une règle fondamentale de la comptabilité publique qui gouverne et conditionne le règlement des sommes dues.

51 Travaux

Le terme « Travaux » désigne toutes les opérations de construction, reconstruction, démolition, réparation ou rénovation de tout bâtiment ou ouvrage, y compris la préparation du chantier, les travaux de terrassement, l'installation d'équipements ou de matériels, la décoration et la finition, ainsi que les services accessoires aux travaux si la valeur de ces services ne dépasse pas celle des travaux proprement dits.

**** ***

CHAPITRE I

GENERALITES SUR L'EXECUTION DES MARCHÉS

Les Autorités contractantes concluent de nombreuses ententes que ce soit lors de la passation des marchés ou pendant leur exécution.

Ces deux phases pour la conclusion et la mise en œuvre des marchés publics sont caractérisées par la participation de nombreux acteurs que sont: les Autorités contractantes (AC) ou Maitres d'ouvrage (MO), les Maîtres d'œuvre (MOE), les Maîtres d'ouvrages Délégués (MOD), les fournisseurs, les prestataires de services physiques, les Consultants, les entreprises de travaux, les établissements financiers, les sous-traitants et parfois les bailleurs de fonds.

La première phase, celle de la passation des marchés publics est bouclée par la communication écrite, dans les meilleurs délais possibles, au candidat retenu et à tout candidat écarté, les motifs du maintien ou de rejet de leur offre. Il est publié un avis d'attribution provisoire avec un délai pour vider les oppositions.

L'Autorité contractante doit informer également, par écrit, les candidats qui en font la demande écrite, des motifs qui l'ont conduit à ne pas attribuer ou notifier le marché ou recommencer une procédure. Cette première phase quand elle est bouclée, en principe, aboutit à un contrat qui ne comprend aucun aléa. ,

La seconde phase, celle de l'exécution des marchés publics est constituée d'étapes critiques avec la mise en œuvre de tous les éléments qui avaient été préparés avant et durant la passation du marché. C'est la période phare pour la gestion des implications et incidences administratives, techniques et financières résultant d'évènements prévus ou non sur un chantier, lors d'une livraison de biens, à l'occasion de la réalisation d'un service physique ou le déroulement d'une prestation intellectuelle.

En effet, l'exécution des obligations contractuelles dépend d'événements dont on ne sait pas s'ils se réaliseront, et comporte ainsi des risques. Mais ces risques ne peuvent laisser de lésions, les parties au contrat connaissant, dès la signature, les mécanismes à actionner pour en neutraliser les effets.

Le point commun entre ces deux phases –passation et exécution, réside dans le fait que les régimes juridiques considérés portent la marque de la puissance publique. En effet, les Codes des marchés publics sont profondément marqués par des prérogatives que l'Administration détient, même dans le silence des contrats, en vertu des règles générales applicables aux contrats administratifs.

Les Autorités contractantes disposent-elles, dans le cadre de la gestion des contrats de marchés publics, de pouvoirs à l'égard de leurs cocontractants à savoir :

- **un pouvoir de contrôle et de direction** de l'exécution du marché ;
- **un pouvoir de sanction** qui s'applique, même sans texte, en vertu des règles générales applicables aux contrats administratifs ;
- **un pouvoir de résiliation** pour motif que le marché est devenu inutile ou inadapté ou le cocontractant n'a pas respecté ses engagements.

Ces prérogatives dont disposent les Autorités contractantes ne doivent pas, cependant, occulter le fait que l'on est en présence d'un contrat qui, par nature, reconnaît à chacune des parties un certain nombre de droits. En effet, quelles que soient les spécificités du contrat de marché public, il ne faut pas perdre de vue qu'il s'agit d'un accord né de la rencontre de volontés.

L'exécution des marchés est soumise à des règles strictes qui déclinent les obligations respectives des parties :

- les titulaires des marchés ont l'obligation, de réaliser de façon satisfaisante les prestations mises à leur charge, de devoir supporter tous les risques jusqu'à la réception des travaux, fournitures ou services ;
- en contrepartie de ces obligations, les titulaires bénéficient d'un droit au maintien de l'équilibre du contrat dans des conditions d'application différentes selon que des modifications ont été apportées au contrat, à la suite de cas de force majeure ou de sujétions imprévues.

Les Autorités contractantes, après la conclusion de marchés publics, gèrent une quantité considérable d'informations ainsi qu'une documentation spécifique. Dans un tel contexte, l'atteinte des résultats par rapport à la satisfaction de leurs besoins dépend de leurs aptitudes à comprendre le cadre légal dans lequel elles évoluent et de la maîtrise qu'elles ont du processus d'exécution des marchés.

Une mauvaise compréhension des différents éléments d'un marché public peut générer de nombreux problèmes d'ordre juridique, opérationnel, technique et/ou financier.

La mise en œuvre financière des marchés publics constitue la question centrale de la seconde phase qu'est l'exécution des marchés ; mais les aspects financiers ne peuvent être traités qu'en parallèle avec les aspects techniques qui, en définitive, les précèdent.

Les cocontractants de l'Administration, que sont les titulaires de marchés (Entrepreneurs, fournisseurs, prestataires de services physiques, ou consultants) quant à eux se trouvent enserrés dans trois séries de contraintes :

- **une organique**, d'abord, née du fait qu'ils sont tenus d'exécuter personnellement les marchés qui leurs sont attribués ;
- **une temporelle**, ensuite, en ce qu'ils sont tenus d'exécuter les marchés qui leurs dont ils sont titulaires dans les délais prescrits ;
- **une matérielle**, enfin, les marchés doivent être exécutés conformément aux prescriptions techniques évaluées et retenues, aux notifications et ordres de service reçus de l'Autorité contractante.

Cela va sans dire, l'exécution du contrat de marché public étant la principale obligation qui pèse sur chaque titulaire, il se doit donc personnellement, de réaliser les travaux, de fournir les produits ou d'exécuter les services dans les délais prévus par le marché sinon il est passible de pénalités et/ou d'autres mesures coercitives.

Quant à l'Autorité contractante seule une vue d'ensemble lui permet de gérer efficacement la manière dont les différentes étapes de l'exécution des marchés s'articulent entre elles. Aussi, pour maîtriser chaque étape du processus d'exécution des marchés, il lui faut:

- **Au niveau de l'exécution financière des marchés savoir gérer :**
  - le financement des marchés, les avances, les modalités de paiement, comprendre ce qu'est un attachement, un acompte, un décompte, un nantissement ;
  - les garanties de bonne exécution, les garanties d'avances, les retenues de garantie, les garanties à première demande, etc. ;
  - l'actualisation et la révision des prix ;
  - les délais de paiement et opérer des contrôles avant paiement, les intérêts moratoires ;
  - les opérations de réception, d'établissement et de vérification du décompte général et définitif des marchés de travaux et l'équivalent pour les autres marchés.

Dès la notification du marché au titulaire, la Personne Responsable du marché doit exercer, directement ou faire exercer par délégation, la charge de représenter l'Autorité contractante pour les besoins de l'exécution du marché.

La Personne Responsable des marchés publics est l'interlocuteur privilégié du titulaire du marché dès lors qu'elle dispose de pouvoirs suffisants pour prendre les décisions nécessaires engageant l'Autorité contractante. A ce titre, pendant l'exécution du marché public, la Personne responsable des marchés donne les instructions nécessaires pour :

- veiller au respect du contenu des pièces contractuelles et procéder à des contrôles,
- délivrer les ordres de service à bonne date, surveiller l'exécution des prestations,
- procéder à des constats d'événements (constat d'avancement, force majeure ou intempéries, etc.) ;
- contrôler le respect des délais, la succession des phases techniques d'exécution.

Si nécessaire, suivant les événements nés du fait de l'exécution du marché, la Personne Responsable des marchés publics fait :

- accorder une prolongation de délais ou adresser au titulaire des mises en demeure pour lui rappeler ses obligations contractuelles ;
- prescrire des modifications en cours d'exécution et appliquer les dispositions financières prévues dans le marché, réceptionner les prestations.

**** ***

EXÉCUTION FINANCIERE DES MARCHÉS PUBLICS

**** ***

CHAPITRE II
GARANTIES ET EXECUTION DES MARCHÉS

Dans le langage des marchés publics, les sûretés demandées pour une exécution correcte des marchés sont souvent appelées garanties ou cautions de marché. Cependant des deux termes ont des différences.

Qu'est-ce que c'est une caution ?

Le terme « caution » désigne le contrat par lequel un établissement financier agrée par le Ministère chargé des Finances s'engage personnellement envers une Autorité contractante à exécuter le remboursement des sommes dues par un titulaire de marché au cas où ce dernier ne satisferait pas lui-même au remboursement des sommes dues au titre d'une avance ou ne procéderait pas à la rectification de prestations qui font l'objet de réserves.

L'établissement financier qui a délivré l'engagement de caution peut subordonner le règlement des sommes dues à la justification de la faute ou de l'événement qui a entraîné l'appel de la caution, y compris par une décision définitive de justice reconnaissant cette faute. Une caution, même solidaire, ne donne pas à l'Autorité contractante l'assurance d'être payée sans discussion.

Qu'est-ce que c'est une garantie ?

Le terme « garantie bancaire » est un engagement irrévocable par lequel un établissement financier agrée par le Ministère chargé des Finances s'engage de manière irrévocable, envers une Autorité contractante, à exécuter sans délai et sous aucune condition, le remboursement des sommes dues par le titulaire du marché au titre d'une avance ou ne procéderait pas à la rectification de réserves.

Généralement, ces garanties sont « à première demande », c'est-à-dire que la banque ou l'établissement financier agrée devra honorer sans délai la demande de l'Autorité contractante, et ne pas s'enquérir de la preuve du non-respect des obligations par le titulaire du marché.

Au regard de la nature des prestations à exécuter, le marché peut prévoir à la charge du titulaire, aux différentes étapes de l'exécution, un certain nombre de garanties :

La garantie de bonne exécution permet de garantir l'Autorité contractante contre le risque de ne pas voir aboutir la réalisation d'une prestation conforme aux prescriptions techniques.

La garantie de restitution d'avance permet à l'Autorité contractante de s'assurer que l'avance qu'elle a consentie pour le démarrage des prestations sera effectivement remboursée par le titulaire du marché.

La garantie technique. Elle permet de garantir que les équipements sont neufs et exempts de vices résultant de la conception ou des matériaux utilisés ou de la fabrication.

La retenue de garantie. La retenue de garantie joue le même rôle que la garantie de bonne exécution à prévoir contractuellement ; elle n'est pas obligatoire ; lorsqu'elle est prévue, elle s'ajoute à la garantie de bonne exécution.

Différentes Garanties	Objet	Montant	Validité	Mainlevée
Soumission	Engagement l'offre	1 à 3% montant estimé du marché	28 jours après validité offres	Réception garantie Bonne exécution
Bonne exécution	Engagement exécution contrat	5 à 10% montant du Marché	Réception provisoire	Réception garantie Bonne fin
Retenue de garantie	Combler malfaçons	5 à 10% montant du Marché	Réception provisoire	Réception garantie Bonne fin
Bonne fin	Engagement période de garantie	50% garantie de Bonne exécution	Réception définitive	Réception définitive
Restitution avance	Couvrir avance	100% de l'avance	Remboursement intégral ou main levée	

La garantie à première demande. Le titulaire du marché peut la remplacer la retenue de garantie prélevée par l'Autorité contractante par une garantie à première demande qui est un engagement inconditionnel et irrévocable de la banque émettrice à verser un montant équivalent à la retenue de garantie.

La garantie de parfait achèvement, elle vise à protéger l'Autorité contractante des difficultés qu'elle risquerait d'éprouver si, pendant la période de garantie, des interventions étaient rendues nécessaires et que l'Entrepreneur oppose un refus à leur exécution. Elle peut être faite, sous forme de retenue sur les paiements faits.

La garantie de bon fonctionnement (biennale). Cette garantie sous forme d'une assurance n'est pas répertoriée au niveau des sécurités contre les imperfections dans la plupart de nos codes des marchés. Il n'en demeure pas moins que les standards internationaux en font usage pour aider à couvrir les désordres affectant les éléments d'équipement d'un bâtiment qui ne font pas indissociablement corps avec les ouvrages de viabilité, de fondation, ou d'ossature.

La garantie décennale est la garantie due par l'Entrepreneur et couvrant la réparation de certains dommages pouvant affecter une construction pendant une durée de 10 ans à compter de la réception définitive des travaux.

2.1 MISE EN ŒUVRE ET ARTICULATION DES GARANTIES.

2.1.1 La garantie de bonne exécution.

2.1.1.1 Définition de la garantie de bonne exécution.

La garantie de bonne exécution est une garantie bancaire, constituée pour assurer la bonne exécution du marché, aussi bien du point de vue technique que du point de vue du délai d'exécution. Elle est destinée à couvrir les réserves à la réception des travaux, fournitures ou services et celles formulées pendant le délai de garantie prévu.

Dès que l'attributaire est identifié et le processus d'attribution approuvé il convient de prononcer, la main levée, sur les garanties de soumission des candidats dont les offres ne sont pas retenues.

La «mainlevée» est le document par lequel l'Autorité contractante qui a fait procéder à une mesure conservatoire ou à une mesure d'exécution sur des sûretés fournies par le cocontractant, déclare y renoncer. Il s'agit de faire une lettre ou de porter, la mention suivante sur le papier de garantie de soumission. « *Bon pour main levée de la présente garantie de soumission* » et en dessous, la signature et le cachet de la Personne Responsable des marchés publics.

Le Titulaire du marché doit constituer une garantie de bonne exécution conformément aux clauses contractuelles dans les meilleurs délais après la réception du contrat que lui a adressé l'Autorité contractante. A défaut, c'est dire si le titulaire ne fournit pas dans délais impartis cela peut entrainer la résiliation du marché suite à une notification et la garantie de soumission, saisie.

2.1.1.2 Objectif de la garantie de bonne exécution.

L'objectif poursuivi avec la garantie de bonne exécution est de protéger l'Autorité contractante contre le risque d'exécution incomplète des marchés de fournitures, travaux, prestations de services physiques. La garantie de bonne exécution est obligatoire lorsque la durée du marché dépasse six mois.

Elle peut être demandée dans le Dossier d'appel d'offres, même dans les cas où la durée d'exécution est inférieure à six mois lorsque l'exécution complète du marché dans les délais revêt une importance particulière.

L'Autorité contractante fixe dans le Cahier des clauses administratives particulières (CCAP) le montant de la garantie de bonne d'exécution à constituer par le Titulaire sans pouvoir dépasser dix pour cent (10 pour cent) du montant initial du marché. Elle indique également le modèle de garantie bancaire à fournir en tant que garantie de bonne exécution en Annexe au Cahier des clauses administratives particulières.

Le Titulaire du marché doit constituer la garantie de bonne exécution suite à la réception du contrat de marché, à défaut, avant tout paiement.

La garantie est à sous peine de se voir opposer une fin de non-recevoir. La garantie de bonne fin doit émaner d'organismes financiers de premier rang, comme les banques commerciales, mais pas des mutuelles d'épargne.

Les Personnes responsables des marchés peuvent accepter ou non les organismes apportant leur garantie au regard de la liste agréée. Cette garantie confère à l'Autorité contractante ou Maître d'ouvrage (bénéficiaire de la garantie) la certitude que le contrat sera exécuté dans le délai prévu et conformément aux dispositions contractuelles.

La garantie de bonne exécution couvre à la fois le risque de non-exécution, l'exécution tardive et l'exécution lacunaire. Cette garantie peut également être constituée en remplacement des éventuelles retenues sur les factures à payer.

Si une prestation concerne une livraison et un montage, il est conseillé de scinder la garantie d'exécution à donner. Ainsi, une éventuelle réclamation pourra porter uniquement sur la partie livraisons ou montage.

La garantie de bonne exécution prend cours à l'entrée en vigueur du contrat. En règle générale, son échéance coïncide avec l'acceptation des livraisons des fournitures et services ou à la réception provisoire des travaux, telle que déterminée dans le contrat.

Une prolongation peut s'avérer nécessaire à la suite d'un retard dans l'exécution du contrat ou lorsque le schéma d'exécution est inadapté ou a été modifié. Cette prolongation se fait de concert avec le titulaire du marché public qui s'en réfère à sa banque.

La garantie de Bonne Exécution est restituée après l'achèvement des obligations du marché suivant les mêmes formes que pour la garantie de soumission. L'Autorité contractante au vu des conclusions du procès-verbal de réception portera sur le titre de garantie « *Bon pour main levée de la présente garantie de Bonne exécution* », ou fera une lettre de main levée pour la garantie de bonne exécution.

Pour les travaux, la garantie de bonne exécution pourra être remplacée par la garantie de parfait achèvement si elle est prévue dans le Cahier des clauses administratives particulières

2.1.2 La Garantie de restitution d'avance.

2.1.2.1 Définition de la garantie de restitution d'avance.

Dans un contrat de marché public, il peut être, parfois, convenu que l'Autorité contractante verse une avance afin que le titulaire du marché puisse commencer sa prestation ou réaliser ses approvisionnements. Cette avance vient ensuite en déduction du prix à payer sur la facturation des prestations.

En contrepartie de cette facilité de crédit par versement anticipé, l'Autorité contractante pour se prémunir d'une rupture prématurée du contrat demande au titulaire du marché de lui fournir une garantie de restitution d'avance.

La garantie de restitution d'avance est émise par une banque ou par un établissement financier agrée par le Ministère chargé des finances, elle correspond au montant de l'avance consentie qui ne saurait dépasser 20% du montant du marché.

2.1.2.2 Objectif de la garantie de restitution d'avance.

La garantie de restitution d'avance permet à l'Autorité contractante de s'assurer que l'avance qu'elle a consentie pour le démarrage des prestations sera effectivement remboursée par le titulaire du marché quoiqu'il advienne au cours de l'exécution du marché.

Sa validité est effective en principe jusqu'à la date d'exécution de la prestation. Le plus souvent, l'avance de démarrage est récupérée au prorata des règlements. Les prélèvements pour récupérer l'avance débutent généralement lorsque le taux d'exécution du marché atteint 40% et connaissent leur terme à 80%.

2.1.3 Marchés de fournitures et garantie technique

Pour certains types de marchés, il est précisé de la part du titulaire, la nature et la durée de la garantie technique dont la fourniture fait l'objet. Sauf indication contraire du marché, le point de départ de la garantie technique est la date de réception de la fourniture.

Les obligations de la garantie technique couvrent le démontage, le remplacement et le remontage de la fourniture, ou des parties de la fourniture qui seraient à l'usage reconnues défectueuses.

Ces obligations s'étendent normalement à la couverture des frais de déplacement et de transport du matériel nécessaire à la remise en état ou le remplacement, qu'il soit procédé à ces opérations au lieu d'utilisation de la fourniture ou, que le titulaire du marché ait obtenu que celle-ci soit retournée à cette fin dans ses établissements.

Toute défectuosité dont la réparation incombe au titulaire du marché doit lui être signalée sans retard. Le titulaire du marché doit exécuter les réparations qui lui sont demandées. Les délais dont dispose le titulaire du marché pour effectuer les réparations qui lui sont demandées sont fixés dans le marché. Le non-respect de ces délais peut être sanctionné par des pénalités.

Quand il est appel à la clause de garantie technique, la période de temps écoulée entre la date où les défectuosités ont été signalées au titulaire du marché et la date où a été constatée la réparation est suspensive de la durée de garantie dont le point final est reporté d'un temps égal à la période de suspension.

De plus, quand les défectuosités constatées à l'usage font apparaître l'impossibilité totale d'utilisation de la fourniture, ces défectuosités étant liées à un vice de conception, la remise en état d'utilisation faite sous la direction de l'Autorité contractante fera que les délais de la garantie technique commenceront à courir en totalité à partir de la date où la remise en état a été effective.

La garantie technique expire normalement une fois arrivée l'échéance fixée, que cette échéance soit exprimée en temps (une année) ou en utilisation (par exemple 50.000 premiers kilomètres de fonctionnement d'un véhicule.

Le « Cahier des clauses administratives générales CCAG-Fournitures et services » soumet, généralement, le titulaire du marché à la garantie des vices cachés : si les fournitures livrées comportent des défauts qui existaient avant la livraison, mais qui ne sont apparus qu'après, l'Autorité contractante peut demander la restitution du prix qu'elle a versé.

2.1.4 La retenue de garantie des marchés de travaux.

2.1.4.1 Définition de la retenue de garantie.

La retenue de garantie consiste à bloquer dans les comptes de l'Autorité contractante (au niveau des services payeur du Trésor public) une partie des sommes dues au titulaire du marché pour servir de garantie à l'exécution par celui-ci de ses obligations contractuelles.

Les marchés prévoient la plupart du temps une retenue de garantie pour couvrir les réserves formulées à la réception des travaux, fournitures et services ainsi que celles apparues pendant le délai de garantie.

La retenue de garantie joue le même rôle que la garantie de bonne exécution à prévoir contractuellement ; elle n'est pas obligatoire ; lorsqu'elle est prévue, elle s'ajoute à la garantie de bonne exécution.

2.1.4.2 Objectif de la retenue de garantie.

La retenue de garantie oblige le titulaire à réparer les désordres signalés par l'Autorité contractante par le biais de réserves lors de la réception des travaux et les désordres qui apparaissent dans l'année qui suit la réception provisoire et qui sont signalés par le biais de notifications écrites. Pendant un an à compter de la réception provisoire, le Maître d'ouvrage peut donc obliger le titulaire à exécuter les travaux qui ont donné lieu à des réserves.

a. Taux de la retenue de garantie.

Cette retenue est pratiquée sur les acomptes (paiements faits) et le solde du marché dans la limite de 5% à 10% du montant initial du marché, de la tranche ou du bon de commande complété, le cas échéant, du montant des avenants.

b. Remboursement de la retenue de garantie.

Pour le remboursement de la retenue de garantie, deux cas de figure sont possibles :

- le remboursement de la retenue de garantie intervient si l'Autorité contractante n'a pas notifié par lettre recommandée avec accusé de réception, pendant le délai de garantie, que le marché n'a pas été correctement réalisé.

- le remboursement de la retenue de garantie est opéré après la constitution d'une garantie de substitution, la retenue de garantie éventuellement déjà prélevée est reversée.

Le remboursement tardif de la retenue de garantie peut entraîner le versement, par l'Autorité contractante, d'intérêts moratoires.

2.1.5 La garantie à première demande.

2.1.5.1 Définition de la garantie à première demande.

La Garantie à première demande est un engagement inconditionnel et irrévocable par lequel une banque s'oblige, sur ordre de son client (titulaire du marché) à verser un montant équivalent à la retenue de garantie sur la base des dispositions contractuelles.

2.1.5.2 Constitution garantie à première demande.

Lorsque le titulaire du marché est un groupement solidaire, la garantie est fournie par le mandataire pour le montant total du marché, avenants compris ; s'il s'agit d'un groupement conjoint, chaque membre fournit une garantie correspondante aux prestations qui lui sont confiées ; si le mandataire du groupement conjoint est solidaire de chacun des membres, la garantie peut être fournie par le mandataire pour la totalité des travaux.

2.1.5.3 Remplacement de la retenue de garantie.

Le titulaire du marché peut la remplacer la retenue de garantie prélevée par l'Autorité contractante par une garantie à première demande. La retenue de garantie est remboursée au titulaire un mois au plus tard à l'issue de la période de garantie.

Dans l'hypothèse où le montant des sommes dues au titulaire ne permettrait pas de procéder au prélèvement de la retenue de garantie, celui-ci est tenu de constituer une garantie à première demande.

Il est aussi possible de remplacer la retenue de garantie par une garantie à première demande si le comptable de l'Autorité contractante ne peut conserver les sommes prélevées au titre de la garantie de soumission à une date postérieure à la date de réception provisoire fixée dans les documents contractuels.

2.1.5.4 Libération de la garantie à première demande.

Les établissements financiers ayant accordé leur garantie à première demande sont libérés un mois au plus tard après l'expiration du délai de garantie.

2.1.6 Les autres garanties.

En dehors des sûretés énumérées par les codes des marchés, les cahiers des charges peuvent, s'il y lieu, déterminer les autres garanties qui peuvent être demandées aux titulaires de marchés pour l'exécution d'un engagement particulier. L'utilité de ces autres garanties est développée dans ce qui suit.

2.1.6.1 La garantie de parfait achèvement des marchés de travaux

La plupart des Cahier des clauses administratives générales (CCAG)-Travaux mentionne une « Obligation de parfait achèvement ». Il faut comprendre que le terme obligation correspond à une garantie de type contractuelle assez étendue.

Au titre de la garantie de parfait achèvement d'un an, le titulaire d'un marché de travaux doit réparer tous les désordres causés par un manquement à l'une de ses obligations contractuelles, qui ont fait l'objet de réserves lors la réception des travaux, ou qui sont apparus postérieurement à la réception.

La garantie couvre non seulement le montant des travaux nécessaires à la remise en état de l'ouvrage (qui comprennent le traitement des désordres et de leur cause) mais également l'indemnisation de l'ensemble du préjudice subi par le maitre d'ouvrage.

Une des principales formalités tient à l'obligation pour le Maître d'ouvrage de signaler à l'Entrepreneur les désordres susceptibles d'être couverts par cette garantie.

En revanche, la garantie ne couvre ni les désordres apparents lors de la réception qui n'ont pas fait l'objet de réserves, ni les désordres causés par l'usage ou l'usure normale de l'ouvrage.

Conseil pratique : Faire systématiquement référence dans les pièces du marché au CCAG-Travaux et notamment à ses articles 41.1 et 41.2.

a. Avantages de la garantie de parfait achèvement.

La garantie de parfait achèvement permet de ne pas recourir à la retenue de garantie ; elle couvre tous les désordres et imperfections.

b. Inconvénients de la garantie de parfait achèvement

La garantie de parfait achèvement présente aussi un inconvénient, le Maître d'œuvre ne peut pas être soumis à cette garantie, alors qu'il peut être à l'origine de certains désordres et imperfections.

c. Rôle du Maître d'œuvre pendant cette période.

Les CCAG-Travaux prévoient un rôle d'assistance au Maître d'œuvre afin de permettre une meilleure gestion (par des visites régulières) des désordres pouvant survenir pendant l'année de parfait achèvement, il est recommandé de renforcer la mission du Maître d'œuvre en ce domaine (essentiellement son rôle d'impulsion ou d'expertise).

Le pouvoir de décision doit demeurer de la compétence du Maître d'ouvrage.

Au cours de ces visites, le Maître d'œuvre contrôle et constate les malfaçons relevant de la garantie de parfait achèvement. En cas de non-exécution ou de remise en état d'un désordre signalé, le Maître d'ouvrage décide de la procédure à mettre en œuvre (garantie de parfait achèvement, garantie de bon fonctionnement, garantie décennale) et adresse alors au(x) responsable(s) concerné(s) une lettre de mise en demeure.

d. Délai de garantie de parfait achèvement.

Le délai de garantie est, sauf stipulation contraire du marché égal à la durée comprise entre la réception provisoire et la réception définitive. Pendant le délai de garantie, indépendamment des obligations qui peuvent en résulter le titulaire du marché doit, à ses frais,

(a) exécuter les travaux éventuels de finition ou de reprise ;

(b) remédier à tous les désordres signalés par le Maître d'ouvrage ou le Maître d'œuvre, de sorte que l'ouvrage soit conforme à l'état où il était lors de la réception ;

(c) procéder, le cas échéant, aux travaux confortatifs ou modificatifs jugés nécessaires par le Maître d'œuvre et présentés par lui au cours de la période de garantie ; et remettre au Maître d'œuvre les plans des ouvrages conformes à l'exécution dans les conditions précisées dans les CCAG (notices de fonctionnement et d'entretien des ouvrages ; plans et autres documents d'exécution, pliés au format normalisé A4).

Les dépenses pour les travaux complémentaires prescrits par le Maître de l'ouvrage ou le Maître d'œuvre ayant pour objet de remédier aux déficiences énoncées aux (b) et (c) ci-dessus ne sont à la charge de l'Entrepreneur que si la cause de ces déficiences lui est imputable. L'obligation de parfait achèvement ne s'étend pas aux travaux et aux effets de l'usage ou de l'usure normale.

2.1.6.2 Garantie de bon fonctionnement

La garantie de bon fonctionnement, dite aussi garantie biennale, est une garantie pour aider à couvrir les désordres affectant les éléments d'équipement d'un bâtiment qui ne font pas indissociablement corps avec les ouvrages de viabilité, de fondation, d'ossature et de couvert.

Cette garantie n'est pas prévue par la plupart des codes ou du Cahier des clauses administratives générales (CCAG)-Travaux, mais elle est utile à plus d'un titre. Introduite lors de la passation des marchés par le biais des Cahier des clauses administratives particulières (CCAP), elle devient une garantie de nature post-contractuelle sous forme d'assurance.

Il est conseillé de faire figurer le contenu et les attentes d'une garantie de bon fonctionnement dans les documents particuliers de l'Appel d'offres afin de pouvoir utilement s'en prévaloir lors des relations post-contractuelles.

Les garanties particulières dans leur quasi-totalité ont un intérêt certain pour une Autorité contractante qui souhaite se prémunir d'un « vieillissement prématuré » de matériaux ou de procédés spécifiques ou encore de parties de constructions complexes.

La garantie de bon fonctionnement est généralement d'une durée maximale de deux ans à compter de la date de réception définitive. Elle couvre le bon fonctionnement des éléments d'équipement installés à l'occasion de travaux non inclus par la garantie décennale.

Dans les travaux de bâtiments, la garantie de bon fonctionnement couvre notamment les éléments dissociables tels que : les appareils et équipements sanitaires ; les ascenseurs ; l'équipement de sécurité incendie ; les appareils d'éclairage ; les appareils et équipements de communication ; les faux plafonds ; les revêtements de peinture.

Cette garantie vaut, aussi bien, pour les désordres apparus dans le délai de garantie que pour leurs conséquences, même si celles-ci apparaissent au-delà de la période biennale.

2.1.6.3 La garantie décennale.

a. Définition de la garantie décennale.

La garantie décennale est la garantie due par un Entrepreneur pour couvrir la réparation de certains dommages pouvant affecter une construction pendant une durée de 10 ans à compter de la réception des travaux.

Le délai démarre lors de la signature de l'acte contradictoire grâce auquel le Maître d'ouvrage accepte la réception (avec ou sans réserves). La responsabilité décennale est une responsabilité de caractère exceptionnel et dérogatoire. Elle porte sur les ouvrages de génie civil et de bâtiments. C'est une garantie de plein droit à laquelle, tous les constructeurs sont assujettis. Ils ne peuvent en être exonérés qu'en cas de force majeure ou faute du Maître d'ouvrage.

Les équipements indissociables de l'ouvrage qui avaient été couverts pendant leurs deux premières années de fonctionnement et dont la garantie peut aller au-delà de ces deux ans peuvent également être couverts par la garantie décennale pourvu qu'ils fassent indissociablement corps avec les ouvrages de viabilité, de fondation, d'ossature, de clos ou de couvert.

b. Mise en œuvre de la garantie décennale.

1) Conditions relatives aux personnes.

L'exercice de l'action en responsabilité décennale est lié à l'ouvrage et à sa propriété. Du fait que l'Entreprise est seule responsable de l'exécution des travaux, les sous-traitants, les éventuelles filiales du titulaire du marché, le Maître d'ouvrage délégué, etc. ne peuvent pas faire l'objet d'une action en responsabilité décennale devant le juge administratif.

Les principales hypothèses de responsabilité décennale de l'Entrepreneur sont : les vices de conception, les vices de construction (mauvaise exécution, utilisation de procédés de construction défectueux ou inadaptés, emploi de matériaux impropres ou de mauvaise qualité, manquements au devoir de conseil).

Les principales hypothèses de responsabilité décennale des architectes et Maîtres d'œuvre sont les suivantes : les vices du sol (absence d'analyse), les vices de conception (erreurs dans les calculs et devis, choix des matériaux, procédés et techniques de construction), le défaut de surveillance, les négligences de conseil et de vérification.

2) **Conditions relatives aux dommages.**

S'agissant des désordres, ils doivent présenter un certain nombre de caractères cumulatifs :

- le désordre doit présenter une certaine gravité : les dommages doivent être de nature à compromettre la solidité de l'ouvrage ou être de nature à rendre l'ouvrage impropre à sa destination ;
- le vice de construction ou de conception ne doit pas avoir été apparent à la réception.

c. **Effets de la mise en œuvre de la garantie décennale.**

1) **Avantages de la garantie décennale**.

La garantie décennale permet d'impliquer tous les protagonistes du chantier (y compris le Maître d'œuvre) ; - ni le Maître d'ouvrage ni le Maître d'œuvre n'ont à se prononcer sur la répartition des responsabilités, ils doivent faire appel aux experts et aux assureurs.

2) **Inconvénients de la garantie décennale.**

La garantie décennale n'est pas une garantie contractuelle, elle s'exerce, hors marché

d. **Conditionnalités pour la couverture par la garantie décennale.**

1) **Garantie décennale et éléments ajoutés à une construction.**

La garantie décennale s'applique aux constructions neuves, mais également aux éléments ajoutés à une construction existante, à certaines conditions toutefois ; l'ouvrage ajouté doit être ancré dans le sol (par des fondations, même peu profondes) ou être rattaché à une construction répondant à ce critère. Il doit former un ensemble composé d'une structure couverte et fermée ou être un élément assimilé à la construction existante.

2) **Etat du sol et exécution des travaux et qualité des matériaux**

Le « constructeur » est responsable des dommages provoqués par l'état du terrain sur lequel est édifié le bâtiment. C'est le cas d'un Maître d'œuvre qui a fait construire un immeuble situé à proximité d'un talus friable sans avoir prévu de mur de soutènement.

3) **Malfaçon est invisible lors de la livraison.**

Les multiples cas rencontrés lors de réception de travaux permettent d'affirmer que la responsabilité d'un Entrepreneur ne peut être mise en cause si les malfaçons étaient repérables à ce moment.

ARTICULATION DES GARANTIES DANS LES MARCHÉS PUBLICS

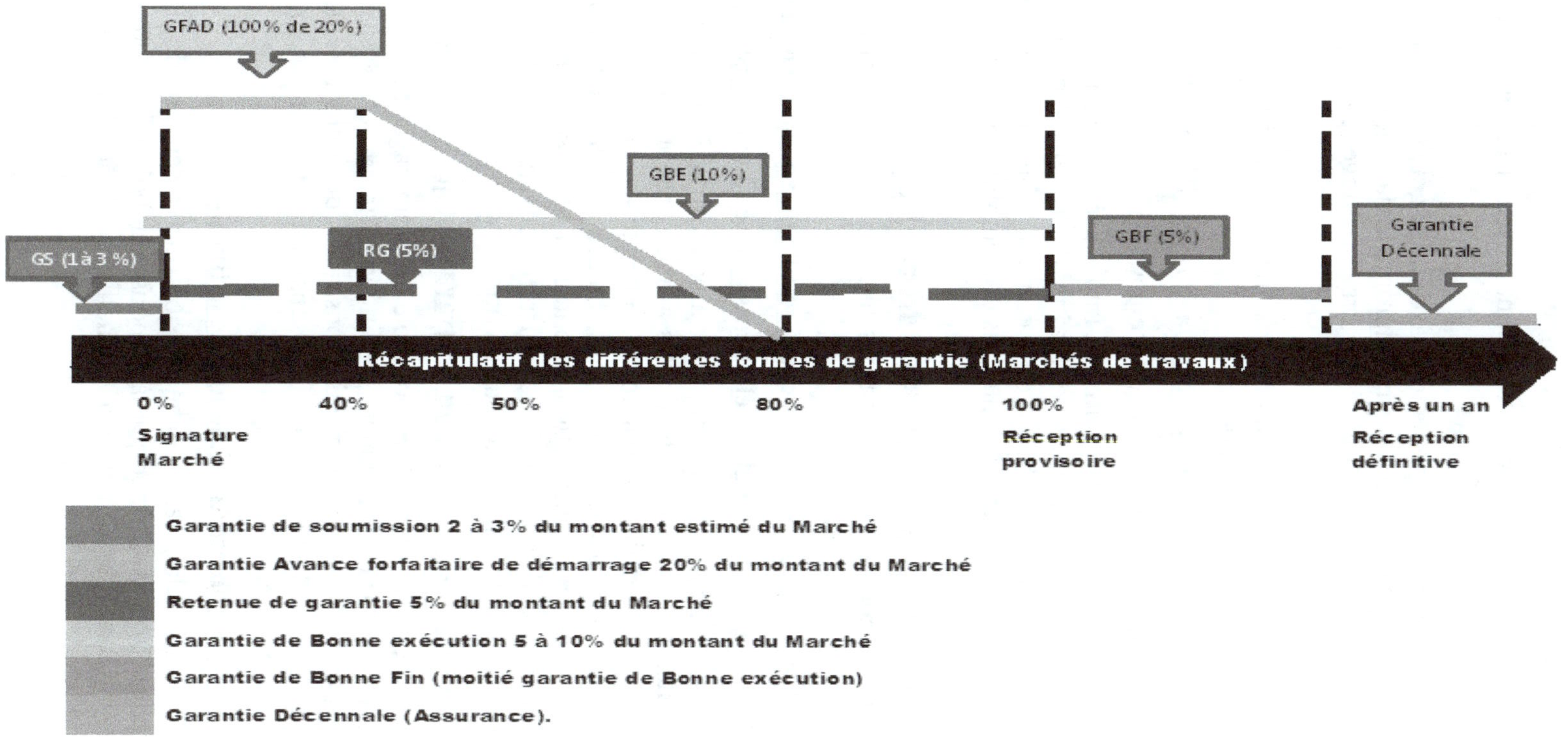

CHAPITRE III
LE PRIX DES MARCHÉS ET LA REVISION

Le « prix » désigne la valeur qu'une Autorité contractante est disposée à débourser pour l'acquisition d'un bien ou en contrepartie d'une prestation de service. Le calcul du prix ou du coût complet (du moins le plus complet possible) de la prestation s'effectue en additionnant : les coûts directs et les coûts indirects.

Coût complet prestation = coûts directs + coûts indirects

Sur une base unitaire, cela consiste à multiplier le prix unitaire de la prestation par la volumétrie associée.

Coût unitaire prestation x unités de mesure (H/j, ml, m^3, etc.)

3.1 LE CONTENU ET LE CARACTERE DES PRIX.

Les pièces constitutives des marchés passés selon une procédure prévue au Code des marchés (PPCM) comportent obligatoirement, le prix ou les modalités de sa détermination.

Les Cahiers des clauses administratives générales (CCAG), dans leur totalité, donnent une détermination du prix par défaut, et constituent donc à la fois une aide et une garantie pour l'Autorité contractante.

Si une Autorité contractante ne fait pas référence à un Cahier des clauses administratives générales (CCAG) ou bien elle y fait référence, mais y déroge sur le contenu du prix, le Cahier des clauses administratives particulières (CCAP) doit impérativement déterminer le contenu contractuel du prix.

Les clauses relatives au prix dans les Cahier des clauses administratives générales sont très proches, tout en prenant en compte les spécificités de leurs domaines d'application.

L'utilisation d'un Cahier des clauses administratives générales permet, par conséquent, à une Autorité contractante et à l'entreprise, de connaître avec précision la nature de l'engagement sur le prix.

Les Cahiers des clauses administratives générales (CCAG)-Travaux passés en revue stipulent : les prix sont réputés comprendre toutes les dépenses résultant de l'exécution des travaux, y compris les frais généraux ... ; le Montant du marché comprend également tous les impôts, droits, taxes, redevances et cotisations de toute nature exigibles au niveau du pays de l'Autorité contractante.

Les Cahiers des clauses administratives générales (CCAG)-Fournitures et Services passés en revue stipulent : le prix demandé par le Titulaire pour les fournitures livrées et pour les Services connexes rendus au titre du marché ne variera pas par rapport au prix indiqué par le Titulaire dans son offre. Par ailleurs, le Titulaire sera entièrement responsable du paiement de tous les impôts, droits de timbre et d'enregistrement, patentes et taxes dus au titre du marché.

Les Cahiers des clauses administratives générales (CCAG)-Prestations intellectuelles passés en revue notamment les petits contrats au forfait stipulent : pour les Services fournis conformément à l'Annexe A, le Client paie au Consultant un montant plafonné, étant entendu que ce montant plafond comprend la totalité des coûts et des bénéfices ainsi que toute obligation fiscale du Prestataire de service intellectuel.

3.1.1 Le contenu des prix des marchés publics.

3.1.1.1 Le régime fiscal des marchés publics.

La fiscalité des marchés publics est composée principalement, de deux grands régimes celui droit commun et celui de l'exonération.

a. Le régime de droit commun.

Le régime de droit commun est celui applicable aux marchés financés par le budget national. Il s'agit en réalité, du régime d'assujettissement aux impôts et taxes applicables aux opérations effectuées dans un pays, par les personnes physiques ou morales qui y sont installées.

b. Le régime d'exception.

Tous les marchés publics, quelle que soit leur source de financement, sont exécutés en toutes taxes comprises. Pour éviter le financement du budget de l'Etat par des ressources extérieures, les conventions de financement prévoient généralement que les fonds alloués ne doivent pas servir aux paiements d'impôts ni d'autres taxes.

Les marchés définissent les engagements réciproques des parties contractantes et doivent contenir au moins des régimes fiscaux et douaniers dérogatoires du droit commun des marchés publics ou autres opérations exonérées, un mécanisme de prise en charge des impôts et taxes par le budget national.

Il s'agit en régime intérieur, de la prise en charge de la TVA calculée sur le montant du marché, au moyen de chèque trésor et dont l'attributaire est le redevable légal. Au cordon douanier, il s'agit de la prise en charge des droits et taxes sur les importations de biens, de fournitures et matériels nécessaires à la réalisation du marché.

La prise en charge de la taxe se fait, au fur et à mesure de l'exécution du marché, le chèque du trésor étant établi au moment du règlement des décomptes. Toutefois, ces décomptes doivent être accompagnés d'un document portant certificat de service fait. Pour les marchés financés par les bailleurs, les prix ne prennent en compte que la partie hors taxes du marché.

En d'autres termes suivants les dispositions de l'Accord de crédit, tous les droits de douane, impôts et taxes, et d'une façon générale, toutes les dépenses qui sont la conséquence nécessaire et directe du travail, de la fourniture ou du service sont supportées par la contrepartie ou tout simplement par l'Emprunteur. Chaque fois que de besoin, il faut viser les textes législatifs ou réglementaires, les Accords ou conventions qui prévoient de telles exonérations.

3.1.1.2 Différence entre montant et prix du marché.

a. Le montant initial du marché.

Le montant initial du marché correspond à l'évaluation établie aux conditions économiques initiales, de l'ensemble des sommes qui seront versées au titulaire en fonction des prix toutes taxes comprises (TTC). Il constitue la somme des prix forfaitaires ou des prix unitaires, multipliés par les quantités à commander.

Les prix contenus dans le marché sont réputés couvrir le bénéfice ainsi que tous droits, impôts et taxes, et d'une façon générale, toutes les dépenses qui sont la conséquence directe du travail, de la fourniture ou du service effectué par le titulaire du marché.

Le montant initial du marché n'est égal au prix que dans le seul cas d'un marché où un prix forfaitaire unique est donné pour l'ensemble des prestations du marché, à la condition qu'il ne soit ni actualisable, ni révisable ; le prix est alors dit ferme.

Les marchés sont, presque toujours, conclus à prix initial définitif, ce qui comporte les conséquences suivantes, le prix indiqué dans le marché, sur la base duquel il est conclu, ne peut plus être modifié, hors clause de variation de prix : il est intangible.

b. Le montant du marché exécuté ou prix du marché.

Le montant exécuté correspond à la totalité des paiements toutes taxes comprises (TTC) pendant la durée du marché (solde inclus). Il est parfois appelé le montant de règlement, qui est une notion peu utilisée. Il peut différer du montant initial par application des clauses contractuelles lors de l'exécution du marché : variations des conditions économiques, variation des quantités livrées au regard des quantités prévues, des avenants, intérêts moratoires, pénalités pour retard, etc.

3.1.2 Le caractère des prix d'un marché.

3.1.2.1 Les prix des prestations sont soit unitaires, soit forfaitaires soit sur dépenses contrôlées.

Un même marché peut comporter les trois formes de prix. Le choix entre prix unitaire, prix forfaitaire ou dépenses contrôlées est à la discrétion de l'Autorité contractante, mais est déterminé, au plus tard, au lancement de la consultation. Il ne peut plus être modifié.

a. Le prix unitaire des prestations.

Lorsque le marché est passé à prix unitaires, l'entreprise est rémunérée sur la base des quantités réellement mises en œuvre. Les quantités ne sont données qu'à titre prévisionnel. Le prix unitaire est le prix à l'unité d'une prestation précisément définie dans les documents contractuels.

Cette forme de prix est plutôt utilisée dans les marchés de fournitures courantes ou de services courants à bons de commande (ex. : fournitures de bureau, denrées alimentaires). Il l'est aussi dans les marchés de travaux, quand l'Autorité contractante ne connaît pas, à l'avance, les quantités à mettre en œuvre. Le marché à prix unitaires est donc celui où le règlement est effectué en appliquant lesdits prix unitaires aux quantités exécutées.

b. Le prix forfaitaire des prestations.

Le marché à prix global forfaitaire est celui où le travail demandé est complètement déterminé et où le prix est fixé en bloc et à l'avance. Le prix forfaitaire est celui qui rémunère le titulaire pour une prestation ou un ensemble de prestations, quelles que soient les quantités livrées ou exécutées. Est aussi forfaitaire, ce qui est mentionné explicitement dans le marché comme l'étant ou bien, quand un prix ne s'applique dans le marché qu'à un ensemble de prestations qui n'est pas de nature à être répété.

Lorsque le marché est passé à prix forfaitaire, l'entreprise s'engage à réaliser des travaux dont l'importance et la nature sont clairement définies. Les pièces du marché doivent définir de manière complète et précise les ouvrages à construire pour un prix global forfaitaire appliqué à tout ou partie du marché, quelles que soient les quantités réalisées.

Cette forme de prix est recommandée pour les prestations dont la consistance (en contenu et en quantité) peut être définie avec précision, au moment de la conclusion du marché. Elle est, notamment, utilisée dans les marchés d'études, dans les marchés de travaux ou encore à chaque fois, que la prestation constitue un ensemble cohérent et non sécable (Un marché de nettoyage pour des prestations identiques, mais sur différents sites).

Pour un marché à prix forfaitaire, l'ensemble des obligations doit être honoré. Sous ce rapport, le titulaire s'engage à effectuer une prestation pour le forfait proposé, quelles que soient les quantités livrées ou exécutées. Dans ce cas, l'Autorité contractante ne peut pratiquer une réfaction sur le prix en cas de diminution des quantités mises en œuvre. A l'inverse, le titulaire ne peut obtenir un supplément de prix, au motif que les quantités livrées pour la prestation sont supérieures à celles qu'il avait prévues.

L'Autorité contractante peut exiger que les offres soient accompagnées d'un devis descriptif et estimatif détaillé, comportant toutes les indications permettant d'apprécier les propositions de prix. L'utilisation de cette possibilité doit être réfléchie, car rendre contractuel le devis limite la portée du prix forfaitaire. La modification des quantités prévues pourrait remettre en cause le caractère forfaitaire du prix.

c. <u>Prestations sur dépenses contrôlées.</u>

Dans le cas d'un marché sur dépenses contrôlées, la rémunération du titulaire résultera de la constatation de ses dépenses par l'Administration, auxquelles des majorations seront appliquées. En principe, ce type de marché fait donc courir peu de risques à l'Entrepreneur.

Son utilisation doit être exceptionnelle. Ce type de marché est, en général, utilisé lorsque la fixation d'un prix définitif expose le titulaire du marché à des risques très importants et alors que des prix provisoires ne peuvent être appliqués. Si le prix initial définitif ne peut être fixé, le marché doit toutefois indiquer les éléments servant de base, selon lesquels les prestations seront réglées, ainsi que les modalités du contrôle des dépenses.

Les dépenses prises en compte concernent les moyens mis en œuvre par l'Entrepreneur. Il s'agit des salaires et indemnités du personnel, des charges salariales, des matériaux et matières consommables, de l'emploi des matériels, des frais généraux, impôts et taxes imputables au chantier. Elles devront faire l'objet d'une véritable analyse de coûts par le Maître d'ouvrage, qui ne doit donc pas se contenter de procéder à une simple constatation.

Le marché sur dépenses contrôlées est donc celui dans lequel les dépenses réelles et contrôlées du cocontractant (main-d'œuvre, matériaux, matières consommables, location de matériel, transport, etc.), pour l'exécution, d'un travail détermine lui sont intégralement remboursées, avec des coefficients de majoration qui tiennent compte des frais généraux et du bénéfice.

3.2 LES PRIX FERMES ET LES PRIX REVISABLES.

A l'exception des marchés à prix unitaires basés sur une série de prix existants ou sur les prix imposés par voie législative ou réglementaire, les prix portés à un marché sont, en règle générale, fermes et non révisables si sa période d'exécution ne dépasse pas 12 mois.

Le choix entre un prix ferme ou un prix révisable est un choix difficile pour l'Autorité contractante. En théorie économique, le prix révisable est le plus respectueux des intérêts des deux parties. Il garantit l'équilibre économique, supposé parfait, du contrat initial, par l'application à la hausse comme à la baisse de la clause de révision contractuelle. Dans la pratique, peuvent jouer d'autres logiques (budgétaire par exemple) ou des contraintes particulières.

3.2.1 Choisir entre prix ferme et prix révisable.

Plusieurs éléments doivent être examinés pour déterminer s'il convient de retenir un prix révisable. Les principaux figurent la nature même des prestations à acquérir. Cela dépend aussi de la durée du marché ou de l'existence (ou l'inexistence) de références suffisantes pour constituer une formule de variation de prix et l'absence d'incertitude budgétaire.

3.2.1.1 Premier élément, la nature des prestations.

Les mécanismes de variations de prix ne joueront pas si les prestations sont peu susceptibles de faire l'objet de hausses importantes et brutales, qui ne pourraient pas être raisonnablement anticipées par les parties.

Il en est de même pour des prestations courantes, non spécifiques à une Autorité contractante, et pour lesquelles, leurs prix ont évolué de manière cohérente avec l'ensemble des prix à la consommation, sur une durée suffisamment longue (3 à 5 ans).

Par contre, si les prestations ne sont pas courantes, l'Autorité contractante doit s'interroger sur l'évolution prévisible des éléments qui composent la prestation. En cas de doute, elle doit peser le risque d'une dérive des prix, pendant la durée d'exécution du marché.

La présence dans les prestations d'un élément ayant fait l'objet de fluctuations fortes, même si cela s'est passé plusieurs années, doit conduire à envisager une révision des prix.

Pour les marchés d'une durée d'exécution supérieure à six mois, qui nécessitent, pour leur réalisation, le recours à une part importante de fournitures, notamment de matières premières dont le prix est directement affecté par les fluctuations de cours mondiaux, la révision de prix s'impose de droit, avec, au moins, une référence aux indices officiels de fixation des cours de la fourniture concernée.

Pour que la formule de révision soit représentative, il faut également tenir compte des principaux autres éléments constituant la prestation : la part de main d'œuvre, par exemple, ne devra pas être oubliée.

La question principale tient donc à la détermination de ce qu'est une part importante. La jurisprudence ne fournit pas d'indication définitive sur ce point. Cependant, on peut raisonnablement penser qu'en dessous de 10 % du prix total du marché, il est difficile de parler d'une part importante. En dessous de ce pourcentage, une clause de révision de prix peut être prévue dans le marché.

3.2.1.2 <u>Deuxième élément - la durée du marché.</u>

Un marché d'une durée d'un an ne présente pas, en ce qui concerne la variation de prix, le même risque économique qu'un marché pluriannuel. Une longue durée sera donc, souvent, un facteur justifiant le recours au prix révisable, sans que le cas ne puisse être exclu pour un marché de moins d'un an.

Un marché d'une durée d'un an, reconductible deux ou trois fois, ne fait généralement pas courir le même risque qu'un marché conclu pour une durée de trois ans, sans une clause de dénonciation annuelle. En cas de dérive manifeste des conditions économiques (un prix ferme qui s'avère inadapté, la formule paramétrique ne traduisant pas correctement les coûts…), la dénonciation du marché reconductible est possible (il faut toutefois prévoir les conditions dans lesquelles le titulaire pourrait refuser la reconduction) à échéance régulière, ce qui n'est pas le cas pour le marché non reconductible.

3.2.1.3 <u>Troisième élément : existence (ou inexistence) de références suffisantes.</u>

Les indices (ou index), nationaux ou internationaux, auxquels pourront se référer les Autorités contractantes pour réviser les prix de leur contrat ne couvriront jamais de manière exhaustive, la diversité des prestations prévues dans les marchés.

Leur origine, leur représentativité, leur fiabilité, l'usage pour lequel ils sont recommandés, sont autant de points à vérifier avant d'y faire référence. Un indice unique peut s'avérer inadapté pour l'élaboration d'une formule représentative.

On ne le répétera jamais assez, une mauvaise référence ou une référence insuffisamment représentative peut se traduire par une évolution très différente de celle qui était attendue et, conduire à mettre les deux parties dans une situation difficilement maîtrisable, donc dangereuse pour la bonne exécution du marché.

3.2.2 Le prix ferme.

3.2.2.1 La définition du prix ferme.

Un prix ferme est un prix invariable pendant toute la durée du marché. Le prix fixé dans la proposition ou l'offre remise par le candidat sera celui payé au titulaire (sauf pénalités, intérêts moratoires).

Le recours au prix ferme simplifie la rédaction du CCAP pour la Personne Responsable du marché public et lui donne une visibilité sur la charge financière des prestations, puisque le prix initial correspondra au prix de règlement.

Dans le cadre d'un marché à prix ferme, l'Autorité contractante sait, en principe, définitivement ce qu'elle va payer, l'entreprise aussi sait exactement selon quelles conditions elle sera payée : c'est à elle d'optimiser ses choix, pour que ce prix soit suffisamment rémunérateur.

a. Le prix ferme peut être actualisable.

Tout prix n'est pas actualisable, seul le prix ferme peut être actualisable.

1) La définition de l'actualisation.

L'actualisation permet de faire évoluer le prix initial fixé dans une offre, pour tenir compte des variations économiques survenues entre la date de fixation de ce prix et la date de commencement d'exécution des prestations. Il s'agit de réinitialiser le prix qui avait été fixé dans le marché, lorsqu'un délai de plus de trois mois s'est écoulé entre la date à laquelle le candidat retenu avait fixé son prix dans son offre et la date du début de l'exécution des prestations.

L'actualisation transforme le prix ferme initial en un nouveau prix ferme. Elle compense un décalage (qui n'est pas toujours un retard) entre la date de fixation du prix et le début d'exécution, la révision compensant les variations de prix tout au long de l'exécution du marché.

L'actualisation ne peut donc être effectuée qu'une seule fois (excepté pour les marchés à tranches conditionnelles) pour un marché considéré et seulement si la date de début d'exécution dépasse de trois mois la date de fixation du prix par le candidat.

Quand l'actualisation est prévue dans un marché à tranches, les tranches conditionnelles sont, de fait, actualisables, si elles sont affermies au moins trois mois après la date à laquelle le prix a été fixé. C'est le prix ferme de chaque tranche conditionnelle qui est actualisable, à la date de début d'exécution de chacune d'elles.

2) <u>Quand est-il obligatoire de prévoir une clause d'actualisation</u>

Une clause d'actualisation est obligatoire pour les fournitures et services autres que courants et pour les travaux. Cette obligation existe, même si l'Autorité contractante pense ne pas devoir la mettre en œuvre (par exemple, si les prestations s'exécutent sur une durée inférieure à 3 mois).

En effet, si un retard est pris et que la date de commencement d'exécution des prestations et postérieure de plus de 3 mois à celle de la fixation du prix par le titulaire, l'actualisation est de droit. Elle est facultative pour les fournitures et services courants, soumise à la libre appréciation de l'Autorité contractante. Il lui revient donc de décider si, elle prévoit ou non une actualisation dans son marché. Cette décision doit, bien sûr, être prise avant le lancement de la consultation.

3) <u>Condition de mise en œuvre de l'actualisation.</u>

Lorsque l'actualisation est prévue dans le marché, le prix ferme n'est actualisé que, si le délai entre la date à laquelle le candidat a fixé son prix dans l'offre et la date de début d'exécution effective des prestations est supérieure aux trois 3 mois accordés pour la validité de l'offre et s'il s'y ajoute trois 3 mois sans qu'il ne soit donné un ordre de service.

Dans le cadre d'un marché unique, cette date peut être celle de la notification du marché, ou, notamment pour les marchés de travaux, une date fixée, après notification, par ordre de service.

En cas d'allotissement, cette date ne saurait être celle résultant d'un ordre de service unique de commencement d'exécution des prestations pour tous les lots, dès lors que l'exécution des marchés (un lot = un marché) s'échelonne dans le temps.

L'actualisation devra être calculée en fonction du calendrier d'exécution des prestations, de chacun des lots et de leur début d'exécution réel, qui devra figurer dans l'ordre de service, s'il est unique ou dans chaque ordre de service (pour chacun des lots) prescrivant le début d'exécution. Il en est de même pour l'actualisation des prix des marchés à tranches conditionnelles.

4) <u>Modalité de calcul d'une actualisation de prix.</u>

(i) <u>Le mécanisme d'actualisation.</u>

Il s'agit de remplacer le prix ferme indiqué dans l'offre du titulaire par le prix ferme actualisé. La formule d'actualisation doit être suffisamment représentative de l'évolution du prix de la prestation ou des coûts de celle-ci.

Même lorsque la formule utilisée repose sur des indices de coûts, il n'est pas obligatoire d'y faire figurer une partie fixe. D'une manière générale, la partie fixe n'est pas recommandée pour l'actualisation, puisqu'il s'agit d'une simple mise à jour des prix.

(ii) Le choix de la ou des références.

Le choix des références relève de la libre appréciation de l'Autorité contractante, sous réserve qu'il soit en relation directe avec l'objet du marché. Ces références sont généralement des indices ou des index.

(a) Valeur initiale des références.

C'est celle du mois correspondant à la date de fixation du prix.

(b) Valeur finale des références.

L'actualisation « *se fera aux conditions économiques correspondant à une date antérieure de trois mois à la date de début d'exécution des prestations* ».

La valeur à prendre en compte n'est donc pas celle du mois de début d'exécution des prestations, mais celle antérieure de 3 mois.

Exemple :

La date de fixation du prix est le 18 janvier 2020. Si une clause d'actualisation est prévue par le marché, le prix ferme est actualisé à compter du 19 avril 2020.

Le mois d'établissement des prix est le mois de janvier 2020.

Le début d'exécution des prestations est fixé au 22 juin 2020.

La valeur finale à prendre en compte est celle correspondant à une date antérieure de 3 mois au mois de juin soit mars 2020.

Les valeurs des indices à comparer seront donc celles de janvier et de mars. La formule qui en résulte est la suivante : $\mathbf{P_a = P_0 * (I_{n-3}) / I_0}$, avec :

$\mathbf{P_0}$: Prix initial du contrat

$\mathbf{P_a}$: Prix actualisé

$\mathbf{I_0}$: Valeur de l'index de référence au mois d'établissement des prix (janvier 2020par exemple)

$\mathbf{I_{n-3}}$: Valeur de l'index de référence 3 mois avant la date de début d'exécution des travaux (valeur de mars 2020).

3.2.3 Le prix révisable.

3.2.3.1 Définition de prix révisable.

Un prix révisable est un prix qui peut être modifié, pour tenir compte des variations économiques constatées pendant l'exécution du marché. Le prix révisable se distingue du prix actualisable en ce que l'actualisation n'est susceptible d'intervenir qu'une seule fois, sauf pour les marchés à tranches conditionnelles (une actualisation pour chaque tranche), alors que la révision intervient périodiquement pendant toute l'exécution du marché.

La révision correspond au calcul, mois par mois ou acompte par acompte, de la dérive de valeur de chaque acompte par rapport à son estimation, faite par application des prix initiaux du marché. Les objectifs de la révision des prix sont de réduire le risque pour le soumissionnaire ; de protéger le Maître d'ouvrage contre la spéculation et d'assurer à l'Entrepreneur une compensation de niveau raisonnable en cas d'inflation.

La révision des prix doit permettre de garantir l'équilibre économique initial du contrat voulu par les parties. Pour des motifs qui relèvent de la tradition historique, l'application de la révision n'est pas totale : une partie, dite fixe, du prix initial reste invariante. Les variations de prix sont mesurées en utilisant des index et des indices.

a. Clause de révision facultative ou obligatoire ?

1) La Révision facultative.

La révision des prix n'est obligatoire que lorsque la durée dépasse généralement douze mois, afin de prendre en compte la variation du coût des éléments de la prestation concernée. Néanmoins, l'Autorité contractante peut toujours décider d'insérer une clause de révision des prix, même dans des marchés qui ne sont pas dans le champ d'application prévu par les textes réglementaires.

2) La Révision obligatoire.

Le choix de la forme de prix retenue pour un marché relève, dans la presque totalité des cas, de l'initiative du Maître d'ouvrage ou de son Maître d'œuvre, lors de la rédaction du contrat, c'est-à-dire avant consultation. La formule de révision du prix, peut comporter une partie fixe et une partie qui varie en fonction de paramètres correspondant aux éléments les plus représentatifs des prix de revient, sans qu'il puisse être fait état de paramètres n'ayant pas de rapport direct et immédiat avec l'objet du marché.

La révision est obligatoire, avec les conditions cumulatives suivantes, marché d'une durée d'exécution supérieure à 12 mois ; ou en cas de recours à une part importante de fournitures notamment de matières premières, dont le prix est directement affecté par les fluctuations des cours mondiaux.

L'Autorité contractante doit s'interroger pour chacun de ses marchés, pour savoir si telle matière première, dont le prix est soumis à d'importantes fluctuations, intervient de manière importante dans la formation du prix de la prestation. L'Autorité contractante doit déterminer le seuil à partir duquel elle considère que les fournitures, notamment les matières premières, sont suffisamment importantes pour justifier l'introduction d'une formule de révision des prix.

(i) Application de la formule de révision prévue.

La clause de révision des prix est un élément essentiel de l'offre de prix remise par les candidats. Ces derniers ont fixé leur prix en fonction de l'existence d'une telle clause et de son contenu. Que le marché soit ferme ou révisable, il doit comporter une clause figurant, au CCAP, qui définit les modalités pratiques permettant de répondre contractuellement à la forme de prix choisie. (Formule, choix et référence des paramètres).

Cette clause, dénommée « variation des prix », répond à la commune intention des parties, de confier à cette clause le soin de quantifier forfaitairement, mais correctement les modifications économiques de prix ou de valeur qui peuvent survenir dans le temps et qui concernent le marché conclu.

Exemple : délai d'exécution relativement long, délai d'attente de la commande, délais de report des travaux, etc.

Les variations prises en compte concernent les différents éléments de coût qui composent le prix de revient des prestations (main d'œuvre, matériel, matériaux, énergie, transports, frais divers, etc.), ou parfois de certains d'entre eux seulement.

La valeur de la variation de prix s'exprime sous la forme d'un coefficient résultant de la formule prévue au marché. Selon les cas, c'est le coefficient de révision mensuel des travaux.

Une révision des prix d'un marché public est effectuée, soit en fonction d'une référence à partir de laquelle le prix est ajusté ; soit par l'application d'une formule paramétrique représentative de l'évolution du coût de la prestation, qui peut contenir un terme fixe ; soit en combinant ces deux modes.

Il est autorisé de recourir à une révision des prix d'un marché suivant les conditions cumulatives ci-après : si la durée d'exécution dudit marché est supérieure à un an **(1re condition)** et nécessite pour sa réalisation le recours à une part importante de fournitures notamment de matières premières **(2e condition)**, dont le prix est directement affecté par les fluctuations des cours mondiaux **(3e condition).**

3) <u>Le choix adéquat indices ou mercuriales, des index.</u>

L'Autorité contractante doit porter une attention particulière au choix des indices et index de référence, qui doivent être représentatifs du contenu des prestations du marché La simple correspondance entre l'intitulé de l'indice et l'intitulé du marché n'est pas suffisante pour établir cette représentativité. Il appartient à l'Autorité contractante de rechercher ce que recouvre un indice.

(i) <u>Les indices (de Prix).</u>

Un indice est également un nombre abstrait dont l'évolution dans le temps représente l'évolution du prix d'un produit ou d'un facteur de coût particulier (Salaires et charges, matériel, ciment, etc.).

> **Attention,** l'indice élémentaire choisi dans une formule paramétrique doit faire référence au matériau mis en œuvre, mais ne doit pas correspondre à un indice des cours mondiaux de ce matériau. En effet, ces cours sont volatils et peuvent varier d'un jour à l'autre de manière très importante. Les index officiels BT et TP sont calculés à partir des indices disponibles.
>
> Les index TP et BT sont publiés avec un décalage de 2,5 à 3 mois. Il peut arriver qu'ils ne soient pas connus au moment de l'établissement de la situation mensuelle.
>
> Cette situation mensuelle sera présentée: soit avec une révision provisoire calculée avec le dernier index connu puis ajusté lors d'une situation ultérieure quand l'index réel sera publié ; ou elle sera calculée 3 mois plus tard, mais définitivement après connaissance de la valeur de cet index.

(ii) <u>Les index (de Branche).</u>

Un Index est un nombre abstrait, dont l'évolution dans le temps se doit de représenter la métamorphose des coûts du type d'ouvrage auquel se réfère cet index. Dans la pratique, on distingue principalement les Index BT et les index TP. Certaines structures de coûts des ouvrages ont été analysées et ont permis l'élaboration d'index particuliers (Voies ferrées, travaux de lignes électriques, etc.).

Chaque Index est composé d'une somme éléments, qui sont les indices de prix des facteurs de production de l'ouvrage, chacun d'entre eux étant pondéré par un coefficient représentant en pourcentage de la somme totale, l'importance du coût du facteur de production considéré, dans le coût global de construction de l'ouvrage.

Dans le secteur de la construction, il existe une série de 38 index BT pour les travaux de bâtiment et 19 index TP pour les travaux publics. Ils constituent des références pour les marchés de travaux, du fait de leur représentativité et de leur pérennité[1].

b. La formule paramétrique de révision des prix.

La formule paramétrique de révision des prix est la solution la plus fiable pour calculer correctement la dérive des prix d'un marché, à la condition, bien sûr, que sa structure soit bien représentative des coûts du marché auquel elle s'applique. Cette adaptation est d'autant plus facile à obtenir que rien n'est figé au départ et que l'on peut choisir non seulement les indices appropriés, mais encore leur poids respectif dans la formule.

La structure de la formule paramétrique reste identique tout au long du déroulement du marché, même si les variations des indices sont très contrastées. En effet, chaque mois, la valeur de la formule du mois est rapportée à la valeur initiale de la même formule, ce qui évite les possibilités de distorsions progressives que risquent de présenter les Index.

La formule paramétrique la plus utilisée est du type suivant :

$$\mathbf{REV = X + (a)\,T/T_0 + (b)\,S/S_0 + (c)\,F/F_0 + \ldots}$$

Dans cette formule paramétrique : :

REV est le coefficient de révision qui s'appliquera à chaque paiement conformément aux modalités d'application et de révision. Lors de chaque paiement, le montant à payer fera l'objet d'une révision par la multiplication du coefficient REV.

X constitue la partie fixe non révisable des paiements et ; **(a), (b), (c) etc**. représentent les paramètres de pondération des facteurs sujets à révision sur la base des valeurs des indices, T, S, F, etc.

Les valeurs respectives des paramètres **X, a, b, c, etc**. sont fixées ci-dessous, étant précisé que **X + a + b +c +... = 1.**

---

[1] Certains indices et index sont publiés par l'Agence nationale des statistiques et de la démographie du Sénégal (ANSD). Parfois auprès de certains organismes professionnels.

T, S, F, etc., et T_0, S_0, F_0, etc. représentent la valeur des indices correspondants aux facteurs inclus dans la formule ; la définition et l'origine de ces indices sont spécifiées ci-dessous étant précisé que les valeurs de T, S, F, etc. seront celles en vigueur au cours du mois où interviendra le fait générateur de paiements, et les valeurs T_0, S_0, F_0, etc. sont celles en vigueur au cours du mois où se situe la date limite fixée pour le dépôt des offres.

Si pendant les délais contractuels, les prix unitaires entrant dans la composition de la formule de variation des prix subissent une variation en plus ou en moins, ils feront l'objet d'une révision, à condition que le cocontractant en fasse la demande par écrit avec, à l'appui, les pièces justificatives nécessaires, ou que l'Autorité contractante en prenne l'initiative.

La révision du prix d'origine doit être opérée, sur le montant de chaque acompte puis, en fin de marché, sur le montant du paiement pour solde. Les prix unitaires utilisés pour la révision doivent être appréciés à la date de réalisation réelle et au plus tard à la date limite de réalisation contractuelle des opérations donnant lieu à ces versements.

La justification des variations peut être demandée aux services compétents. Lorsque des avances ont été accordées, elles sont remboursées par déduction sur les sommes dues à titre d'acompte ou de solde, la clause de révision des prix ne s'applique que sur la différence entre le montant initial de l'acompte ou du solde et le montant de l'avance à déduire.

1) <u>Le décalage de publication des indices et index</u>.

Le fonctionnement normal du système de variation des prix exige, tout d'abord pour les indices, l'organisation d'enquêtes qui sont dépouillées puis éventuellement complétées ou contrôlées avant que leurs résultats ne soient publiés. Les différentes opérations, préalables à toute publication officielle, prennent entre deux et trois mois minimum de délai.

Il en découle qu'il existe toujours ce décalage entre la période d'exécution des travaux, qui fait l'objet d'une demande de paiement dès la fin du mois, et la date de publication de l'Index ou des indices qui permettront de calculer la variation des prix du mois considéré. En cas de décalage, la bonne pratique préconise de procéder à une révision provisoire de l'acompte avec les derniers index connus, étant entendu que cette révision sera complétée par la suite par la révision définitive, lorsque les index afférents au mois de l'acompte concerné seront publiés.

2) Présentation des résultats suite à une actualisation ou à une révision à la Direction du Contrôle des marchés publics.

L'application des formules d'actualisation ou de révision fait appel à des mercuriales (index et indices) dont la valeur n'est pas connue lors de la passation des marchés. Il s'ensuit généralement une modification du prix du marché ou du prix des prestations. La bonne règle voudrait qu'une telle modification soit soumise à la Direction du Contrôle des marchés publics pour au moins deux raisons :

- les indices et index appliqués ont-ils été bien choisis ;
- quel est le niveau de l'incidence financière résultant de l'application de la révision ou actualisation des prix (est-il à moins de 30% du montant du marché).

Comment matérialiser l'incidence financière ?

Il faudra par ailleurs que le dossier au niveau de la Direction du Contrôle des marchés publics ait le même niveau de renseignements et par ailleurs, doit être entérinée par cette dernière, par un avenant au marché, faute de quoi, le montant additionnel ne pourra pas être payé. Une mauvaise compréhension du jeu de la formule de révision consiste à dire que leur application obéit aux mêmes règles que les pénalités de retard.

Attention : pour les pénalités de retard, les règles et les paramètres sont connus à la conclusion du contrat. L'Autorité contractante applique directement le taux consigné dans les Cahiers des clauses administratives particulières (CCAP) au nombre de jours effectifs de retard. Alors que pour les indices et index applicables rien n'est fixé lors de la passation du marché que ce soit dans les Cahiers des clauses administratives particulières (CCAP) ou Cahiers des clauses administratives générales (CCAG).

**** ***

CHAPITRE IV
LE NANTISSEMENT DES MARCHÉS

4.1 GENERALITES.

Lorsqu'une entreprise, de par sa situation de trésorerie négative, ne peut couvrir la totalité de ses besoins en fonds de roulement, elle peut solliciter un concours de courte durée et de faible ampleur sous forme d'autorisation de découvert ou de prêt à court terme. En revanche, lorsque les besoins de l'entreprise deviennent permanents ou sont de forte ampleur, son banquier cherchera à couvrir ce risque financier par une garantie.

L'intervention, du système bancaire, dans le financement des entreprises chargées d'exécuter un marché public, se fait de plus en plus ; notamment, quand l'opération nécessite, des capitaux dont le titulaire du marché ne peut pas disposer. Le rôle de la banque, dans ce cas-là, est d'apporter le concours financier indispensable à l'exécution et à l'achèvement du projet dans des conditions normales.

La technique la plus fréquemment utilisée, dans ce cas, est la cession de créances qui permet à l'entreprise d'obtenir le crédit qui lui est nécessaire en cédant à son banquier les créances qu'il détient. Cette technique, lorsqu'elle porte sur des créances publiques prend la dénomination de nantissement et, obéit à des modalités spécifiques.

Les marchés constituent des titres de créances futures et peuvent être donnés comme gage pour obtenir des crédits bancaires. C'est un moyen pour le titulaire du marché de se procurer des liquidités immédiates. Il se traduit, sur le plan financier, par une avance de fonds au titulaire du marché, au plan juridique cette procédure se matérialise par un nantissement des créances au profit de la banque.

4.1.1 Définition du nantissement.

Le nantissement de créance est donc le contrat par lequel le titulaire du marché public donne en gage à un établissement bancaire appelé créancier nanti ou bénéficiaire du nantissement, la créance qui résultera de l'exécution du marché public, en échange de quoi, l'établissement bancaire le finance.

4.1.2 Quelles créances pour un nantissement ?

Le paiement d'une prestation, dans le cadre d'un marché public, peut ne pas être effectué immédiatement. Il n'intervient qu'après l'exécution de la prestation, c'est-à-dire l'accomplissement du service fait, selon une règle de comptabilité publique. En conséquence, le paiement n'est effectué que plus tard, après la transmission des pièces justificatives au comptable public.

Or, les titulaires d'un marché public ou leurs sous-traitants doivent engager des dépenses (matériel, personnel, etc.). Pour honorer ces dépenses, ils peuvent alors céder tout ou partie des créances qu'ils détiennent en propre sur l'Autorité contractante au titre des marchés qui leur sont attribués pour obtenir des liquidités.

Ainsi, les créances nées ou à naître au titre d'un marché public peuvent être affectées en nantissement par une convention conclue entre le titulaire du marché et un tiers appelé « créancier nanti » ou bénéficiaire du nantissement.

Sauf dispositions contraires dans l'Acte de nantissement et sauf effet des privilèges, le bénéficiaire d'un nantissement encaisse seul le montant de la créance affectée en garantie. Au cas où le nantissement a été constitué au profit de plusieurs bénéficiaires, chacun d'eux encaisse seul, la part de la créance qui lui a été affectée dans l'acte de nantissement signifié au comptable assignataire.

Par exemple : Le titulaire d'un marché ayant souscrit à un Acte spécial de sous-traitance à hauteur de 30%, ne pourra céder ou donner en nantissement au plus que 70% du montant du marché. Le sous-traitant accepté et dont le paiement revient à l'Autorité contractante pourra à son tour céder sa créance qui équivaut à 30% du montant.

4.1.3 Les droits du bénéficiaire du nantissement.

4.1.3.1 Nantissement et les accessoires du marché.

Les acteurs dans une opération de nantissement sont :

- le cédant, ou le débiteur cédé, qui est le titulaire du marché ;
- le bénéficiaire du nantissement, qui est l'organisme financier ou banquier du titulaire ;
- le comptable assignataire qui est le comptable chargé du versement des sommes dues au titre du marché.

Le bénéficiaire du nantissement a autant de droits que le cédant ou titulaire. Mais en aucun cas, il ne devient titulaire du marché. Lors de la cession du marché ou du nantissement, la nature du marché n'est pas modifiée, seul le créancier change.

Le marché nanti ou subrogé se transmet avec ses accessoires, c'est-à-dire les intérêts moratoires, les révisions de prix, le remboursement des retenues de garantie, etc. Néanmoins, le titulaire ou le sous-traitant cédant et le bénéficiaire du nantissement peuvent prévoir des modalités conventionnelles spécifiques ou des réserves quant à certains de ces accessoires.

Le bénéficiaire du nantissement, au-delà du droit de se prévaloir de la créance, peut, en cours d'exécution du marché, solliciter auprès de l'Autorité contractante un état sur l'avancement de l'exécution financière du marché. Le bénéficiaire du nantissement peut, par ailleurs, saisir le comptable sur la situation détaillée, des paiements de la créance détenue par le titulaire du marché.

En dehors de l'état d'avancement de l'exécution financière du marché et de la situation détaillée des oppositions au paiement de la créance, le bénéficiaire du nantissement ne peut solliciter d'autres renseignements sur le marché. Du reste, il n'a aucun droit d'intervenir dans l'exécution du marché. A travers cette analyse, il est possible de constater qu'il s'agit purement et simplement de mécanismes financiers visant à garantir, pour le bénéficiaire du nantissement, l'exécution du marché.

4.1.3.2 Information du bénéficiaire du nantissement.

Le bénéficiaire du nantissement du marché ne peut, pour toute autre cause, demander lui-même que les informations sur le marché qui se limitent à la communication des indications strictement nécessaires au nantissement. Ainsi, en matière de secret-défense, l'Autorité contractante peut réduire la communication des informations sur le marché aux simples indications compatibles avec le secret.

L'Autorité contractante ne sera pas tenue de dévoiler toutes les données relatives à celui-ci. Autrement dit, le nantissement de créance n'emporte pas droit pour le bénéficiaire, d'avoir accès à toutes les informations relatives au marché. Cela montre clairement que la cession et le nantissement de créance ne sont pas des mécanismes de transmission du marché.

4.2 LA PROCEDURE DE NANTISSEMENT.

4.2.1 Procédure de demande de nantissement.

Pour son efficacité, le nantissement de créance nécessite l'accomplissement de certaines formalités. La procédure d'acceptation est indépendante de la procédure de notification du nantissement de créance. Il n'appartient pas au comptable assignataire d'accepter un nantissement de créance.

Seule, l'Autorité contractante par le biais de la Personne Responsable du marché, ordonnateur de crédit, peut l'accepter. Le nantissement de créance acceptée par l'Autorité contractante par acte authentique écrit intitulé « acte d'acceptation de nantissement d'une créance » auquel est joint un exemplaire du marché revêtu de la mention « *exemplaire unique délivré en vue du nantissement* ».

La formule de l'exemplaire unique est la suivante : « Copie certifiée conforme à l'original délivrée en unique exemplaire pour être remise en cas de cession ou de nantissement de créances. Cette mention pourrait être effectuée en relation avec la Direction du Contrôle des marchés publics, suite à une saisine de l'Autorité contractante ayant accepté cette cession de créances. Aucun grattage ni surcharge n'est autorisé sur l'acte de nantissement.

Les corrections doivent intervenir sous forme de mentions séparées, approuvées et signées. Pour la bonne pratique, il importe de soumettre à la Direction du Contrôle des marchés publics, les actes de nantissement et de sous-traitance pour que l'exemplaire que, cette dernière détient par-devers elle, après numérotation du contrat, ait le même niveau de renseignements et d'informations.

4.2.2 Le bénéficiaire du nantissement est un organisme financier.

Le bénéficiaire du nantissement et le titulaire du marché s'accordent sur les modalités d'octroi de liquidités dans le cadre de l'exécution d'un marché public. La cession entre le titulaire du marché public ou le sous-traitant et le cessionnaire produit tous ses effets juridiques entre les parties à partir du moment où elles sont d'accord sur l'objet du nantissement et son montant. Ces accords sont consignés, dans un acte ou protocole d'accord.

Le titulaire ou le bénéficiaire du nantissement signifie la cession de créances par huissier de justice à l'Autorité contractante. L'Autorité contractante fera annoter l'exemplaire remis à lui par le titulaire pour en faire un exemplaire unique délivré au titre du nantissement. Il est tout fait à propos que l'Autorité contractante transmette l'acte de nantissement accompagné d'une copie du contrat initial à la Direction du Contrôle des marchés publics qui annotera le marché et le lui retransmettra.

L'Autorité contractante le remettra au titulaire qui se chargera de le déposer à son tour auprès de l'organisme financier bénéficiaire du nantissement. Il aura la responsabilité de transmettre par le biais de l'Autorité contractante, le dossier du nantissement au comptable assignataire.

4.2.3 Le bénéficiaire du nantissement est une autre entreprise.

Le titulaire doit demander à l'Autorité contractante son autorisation avant de céder le marché, dès lors qu'il est impératif de vérifier les capacités financières, professionnelles et techniques du cessionnaire qui reprend l'exécution afin de s'assurer que le marché sera poursuivi dans de bonnes conditions.

4.2.4 La procédure d'acceptation du nantissement.

Après le processus décrit au cas où le bénéficiaire du nantissement est un organisme financier et pour le cas où le bénéficiaire est une entreprise ; dans les deux cas, le bénéficiaire transmettra à l'Autorité contractante le dossier de nantissement. Pour procéder au paiement, l'Autorité contractante doit disposer des pièces suivantes de :

- la signification de la cession de créances ;
- l'acte de cession de créances lorsque le montant ou, lorsque l'acte de cession n'a pas fait l'objet d'un écrit et tout élément nécessaire au contrôle du comptable ;
- l'exemplaire unique annoté ou le certificat de cessibilité ;
- le cas échéant, l'attestation émanant du cessionnaire établissant que la cession ne fait pas obstacle au paiement direct du sous-traitant ou qu'elle a été réduite à due concurrence.

En vue du nantissement d'un marché, la Direction du Contrôle des marchés publics remet à l'Autorité contractante l'exemplaire annoté et une fiche de notification de l'acceptation du nantissement.

L'Autorité contractante le remet à son tour au titulaire du marché, la copie certifiée conforme de l'***exemplaire unique délivré en vue du nantissement***.

A ce stade il revient au titulaire du marché ou cédant de remettre au cessionnaire la copie de l'exemplaire unique. Ce dernier en fera une notification régulière au comptable assignataire par le truchement de l'Autorité contractante.

La délivrance d'un exemplaire unique est obligatoire pour permettre la cession des créances correspondant au marché.

La mention d'exemplaire unique indique le montant des prestations que le titulaire n'envisage pas de confier à des sous-traitants susceptibles de bénéficier du paiement direct, ce montant correspondant au maximum de la créance que le titulaire est autorisé à nantir.

En cas de sous-traitance donnant lieu à paiement direct, la mention d'exemplaire unique effectuée par la Direction du Contrôle des marchés publics est complétée par le texte suivant : en ce qui concerne la partie des prestations évaluées à [*en lettres* *et en chiffres*] et que le titulaire n'envisage pas de confier à des sous- traitants bénéficiant du paiement direct.

SCHEMA PROCEDURE D'ACCEPTATION DU NANTISSEMENT

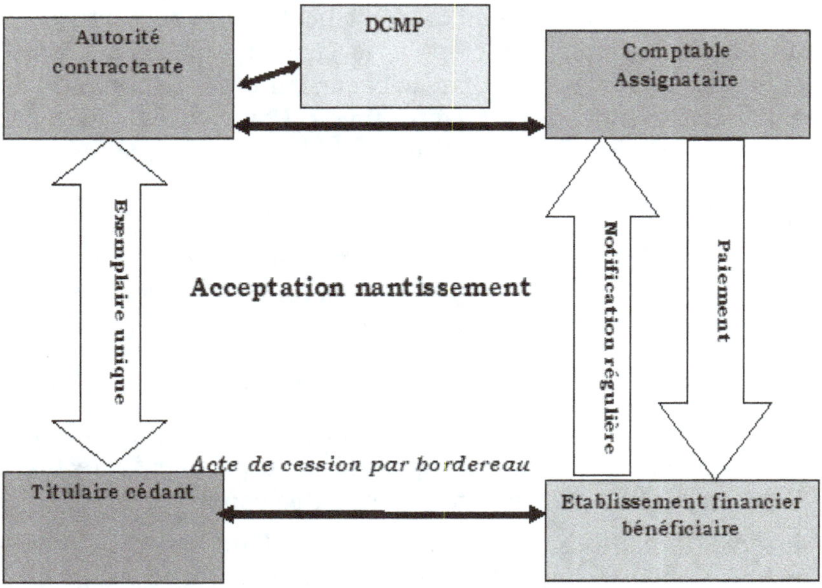

Le titulaire du marché, s'il décide de nantir sa créance relative au marché à une banque ou à une autre entreprise, remet cet exemplaire unique à au bénéficiaire du nantissement. Ce dernier notifie la cession au comptable assignataire de l'Autorité contractante. Il convient d'être vigilant dans la délivrance et le suivi de l'exemplaire unique du titulaire dans les cas suivants :

- lorsque le titulaire décide finalement d'exécuter lui-même davantage ou moins de prestations, l'Autorité contractante doit récupérer son exemplaire unique pour l'annoter ;
- si les prestations qu'il exécute sont plus importantes que prévu et que l'exemplaire unique initial ne peut être récupéré, un exemplaire unique complémentaire lui est délivré.

En revanche, il n'est pas possible de permettre au titulaire de confier davantage à un sous-traitant payé directement (ou de prendre un sous-traitant supplémentaire payé directement) si son exemplaire unique n'a pu être récupéré pour être annoté à moins :

- qu'il produise un certificat du bénéficiaire du nantissement attestant que les cessions qu'il lui a consenties ne font pas obstacle au paiement direct du sous-traitant ;
- qu'il fournisse une mainlevée du bénéficiaire du nantissement à hauteur des sommes pour lesquelles, il augmente la sous-traitance.

4.2.5 Procédure d'acceptation du nantissement-marchés à tranches et marchés à commande.

Pour les marchés à commande, il est admis de délivrer soit un exemplaire unique valable pour l'ensemble des commandes à passer jusqu'au montant maximum ou, à l'inverse, un exemplaire unique par commande ou pour plusieurs commandes individualisées, le titulaire choisissant la formule qui lui convient le mieux.

A cet égard, dans l'hypothèse d'un marché à commande passé avec plusieurs titulaires non groupés, cette deuxième solution permet d'individualiser les prestations relevant de chacune des entreprises concernées.

Dans le cas d'un marché à tranches conditionnelles, le montant indiqué dans la mention d'exemplaire unique faite par la Direction du Contrôle des marchés publics correspond au montant global de l'ensemble des tranches. En effet, puisqu'il s'agit d'un même marché, l'exemplaire unique délivré vaut à la fois pour la tranche ferme et/ou les tranches conditionnelles.

4.2.6 Procédure de nantissement pour les marchés exécutés par un groupement d'entreprises.

Un groupement d'entreprises n'a pas de personnalité morale et donc chaque membre du groupement est détenteur d'une créance sur la personne publique à hauteur des prestations qu'il réalise.

4.2.6.1 Dans le cas d'un groupement conjoint.

Dans le cadre d'un marché attribué à un groupement conjoint, dans la mesure où les prestations exécutées par chacun des membres sont individualisées dans le marché et où les règlements sont effectués directement au compte ouvert au nom de chacun d'eux, il convient de délivrer à chacune des membres composant le marché, un exemplaire unique limité au montant des prestations qui lui sont confiées.

4.2.6.2 Dans le cas d'un groupement solidaire.

Dans le cadre d'un marché attribué à un groupement solidaire, il est délivré, aux membres du groupement qui en font la demande, un exemplaire unique ou un certificat de cessibilité au nom du groupement, lorsque les prestations réalisées ne peuvent être individualisées et qu'elles sont payées sur un compte unique ouvert au nom du groupement.

Si, en revanche, les prestations sont individualisées et les règlements sont effectués au nom de chacun des membres du groupement, un exemplaire unique est délivré à chaque membre correspondant à la part des prestations qu'il exécute.

Cependant, s'il y a lieu, en cours d'exécution du marché, de procéder à une répartition des prestations et de ne plus payer les membres sur le compte unique (par exemple si l'un des membres fait l'objet d'un avis à tiers détenteur), il est nécessaire de récupérer l'exemplaire unique initialement délivré et de remettre à chacun des membres du groupement un exemplaire unique limité au montant des prestations qu'il doit exécuter.

Au cas où l'exemplaire unique ne pourrait être restitué, par exemple parce qu'il est entre les mains du comptable assignataire, un nantissement lui ayant été notifié, il n'est alors pas possible de délivrer à chacun des membres un nouvel exemplaire unique tant qu'une mainlevée, à hauteur des sommes correspondant aux prestations restant à exécuter, n'a pas été produite.

En cas de cotraitance, pour limiter la délivrance de l'exemplaire unique, à un membre et aux seules prestations qu'elle exécute, la mention d'exemplaire unique est complétée par la valeur des prestations évaluées à [*en lettres* *et en chiffres*] et devant être exécutées par [*nom ou raison sociale du cotraitant*].

4.2.7 <u>Sous-traitance et nantissement du sous-traité.</u>

Un titulaire de marché peut envisager de sous-traiter une partie du marché ayant fait l'objet d'un nantissement, l'agrément des sous-traitants par l'Autorité contractante est subordonné à une réduction du nantissement à concurrence des parts que le titulaire se propose de sous-traiter dans la limite des 40% du montant du marché.

Un sous-traitant qui a été accepté et dont les conditions de paiement ont été agréées par l'Autorité contractante peut donner en nantissement, à concurrence du montant des prestations devant lui être réglées directement, tout ou partie de sa créance.

4.2.8 <u>Subrogation d'une créance objet de nantissement.</u>

La « subrogation » peut s'analyser comme un mode de transmission des créances. Elle est l'effet par laquelle, le titulaire d'un droit, le subrogeant, transmet au bénéficiaire de la subrogation, appelé le « subrogataire », le droit de créance que le premier détient sur son propre débiteur, dit le subrogé.

Le bénéficiaire d'un nantissement peut, par une convention distincte, subroger le tiers bénéficiaire de créances au titre du marché dans l'effet de ce nantissement à concurrence, soit de la totalité, soit d'une partie de la créance affectée en garantie.

Cette subrogation doit être signifiée au comptable assignataire dans les mêmes conditions que celles fixées pour le nantissement. Le bénéficiaire de la subrogation encaisse seul le montant de la part de la créance qui lui a été affecté en garantie.

4.2.9 <u>Le paiement du bénéficiaire du nantissement.</u>

L'exemplaire unique annoté doit être transmis au comptable public afin qu'il puisse désintéresser le cessionnaire. L'exemplaire unique est obligatoirement joint à la notification du nantissement du marché. Afin de ne pas retarder les paiements, il est recommandé au bénéficiaire du nantissement de joindre à la notification du nantissement du marché l'exemplaire unique que le titulaire lui aura remis.

Après notification du nantissement, les paiements sont effectués par le comptable de l'Autorité contractante ou au seul profit du bénéficiaire du nantissement (ou du titulaire du nantissement) pour le montant de la créance ou de la part de la créance qui lui a été donnée en nantissement.

4.2.10 <u>Main levée de l'acte de nantissement.</u>

La mainlevée est un acte juridique par lequel le créancier (souvent la banque) déclare renoncer à une mesure conservatoire ou à une mesure d'exécution portant sur un marché, généralement après avoir été payée.

Pour le cas d'espèce, la mainlevée des significations de nantissement est donnée par le bénéficiaire au comptable de l'Autorité contractante détentrice de l'exemplaire spécial par lettre recommandée adressée ou remise avec accusé de réception.

**** ***

CHAPITRE V
REGLEMENT DES PRESTATIONS DES MARCHES PUBLICS

Le titulaire d'un marché public ne peut demander le paiement de ses prestations que lorsqu'elles ont été réalisées et que l'Autorité contractante a constaté qu'elles sont conformes au contrat signé. Le règlement par l'Administration est donc la contrepartie financière des prestations effectuées par le titulaire du marché. Il se fait en numéraires ou par remise de chèque du trésor public, suivant les principes de la dépense publique au travers de six opérations à savoir :

1. **L'engagement,** acte par lequel une Autorité contractante crée ou constate une obligation de laquelle découle une dette, soumise à légalité budgétaire et juridique ;
2. **La liquidation** est le calcul de la somme exacte due à un fournisseur ou à un prestataire en fonction de l'engagement de la dépense, de la réalisation de prestations et des retenues et retraits opérés par l'Autorité contractante pour arrêter le montant de la dépense ;
3. **La certification** est un acte qui concrétise la réalisation de la prestation, la sincérité de son exécution et la reconnaissance de la dette de l'Autorité contractante qui permet d'assurer que le titulaire du marché a honoré ses engagements, dans les conditions prévues, et dans le cadre des obligations qui lui étaient imposées.
4. **L'ordonnancement** est un acte administratif de la Personne Responsable du marché donnant ordre à un comptable public de régler une dépense publique préalablement engagée et liquidée.
5. **Le mandatement** est l'acte administratif par lequel l'ordonnateur donne ordre au comptable de payer, en lui fournissant un mandat de paiement comportant tous les justificatifs de la dépense.
6. **Le paiement** qui est l'acte par lequel l'Administration s'acquitte par un versement de ce qui est dû pour se libérer de sa dette. Le paiement est effectué soit par acompte, soit par solde sur la base d'un décompte ou d'une facture ; il doit contenir la mention du service fait, c'est-à-dire que pour bénéficier des paiements, il faut que l'attributaire ait exécuté les prestations objet du marché.

Les cinq premières opérations sont de la compétence de l'ordonnateur de crédits ou de la Personne responsable du marché, la dernière est du ressort du comptable public qui contrôle la régularité de toutes les opérations précédentes dans le cadre d'un contrôle qui peut être classique, hiérarchisé ou partenarial. Il peut y être ajouté le contrôle financier au stade de l'engagement et de l'ordonnancement, se manifestant soit par un avis soit par un visa.

5.1 LES PAIEMENTS ANTICIPES.

Outre les paiements effectués au titre des prestations réalisées, le titulaire a droit à une avance sous certaines conditions, ainsi qu'à des acomptes dans la mesure où ils correspondent à la valeur des prestations déjà réalisées.

5.1.1 Les avances pour l'exécution des marchés.

Considérée comme une dérogation exceptionnelle à la règle comptable, du « service fait », l'avance constitue une exception à ce principe comptable. Il s'agit en d'autres termes d'un paiement anticipé, avant que le marché n'ait été exécuté.

Ce régime vise à faciliter l'exécution des marchés et assurer l'égalité d'accès aux marchés entre les entreprises disposant d'une trésorerie suffisante pour démarrer l'exécution des prestations et celles qui n'en disposent pas. Tel est le cas notamment des petites et moyennes entreprises qui œuvrent dans des secteurs économiques susceptibles de se voir appliquer les règles des Codes des marchés publics.

Les avances sont des versements effectués au titulaire avant le début d'exécution du marché. L'avance est un mécanisme dérogatoire à la règle du service fait, indépendant des prestations effectuées par le titulaire du marché.

C'est une sorte de mécanisme de préfinancement. Chaque marché doit déterminer les conditions administratives ou techniques particulières auxquelles sont subordonnés les versements d'avance. Le plus clair du temps, les avances sont versées contre la remise d'une garantie de restitution d'un égal montant. La formule consacrée est que toute avance doit être garantie à 100%.

Le titulaire du marché bénéficiaire d'une avance en reste débiteur auprès de l'Administration jusqu'à ce que la prestation soit menée à bien, ce qui signifie que les avances doivent être récupérées par prélèvement sur les acomptes au fur et à mesure de l'avancement du marché selon le rythme de l'émission des décomptes, c'est-à-dire au cours de l'exécution du marché. L'avance n'a donc pas un caractère de paiement définitif. Elle doit donc être remboursée.

Le versement de l'avance (forfaitaire ou facultative) ne peut être consenti que si un document contractuel en prévoit les modalités d'octroi et de remboursement. Il peut être complété par le financement bancaire. En effet, pour pouvoir exécuter le marché dans des conditions financières satisfaisantes, les entreprises peuvent aussi bénéficier d'un soutien bancaire et/ou de celui d'un organisme spécialisé. Les paiements anticipés peuvent prendre plusieurs formes.

5.1.1.1 L'avance forfaitaire de démarrage.

L'avance forfaitaire de démarrage est un versement effectué aux titulaires avant le début d'exécution des marchés après réception de la demande de paiement accompagnée de la garantie correspondante.

a. Montant de l'avance forfaitaire de démarrage

Le montant d'une avance forfaitaire de démarrage ne peut excéder 20 % du montant calculé soit, sur le montant initial du marché taxes comprises lorsque la durée d'exécution de celui-ci est inférieure ou égale à un an, soit lorsque la durée d'exécution est supérieure à un an, sur le montant des prestations à réaliser au cours d'une première tranche de douze mois.

1) Avance forfaitaire de démarrage et marchés à commande ou de clientèle.

Le montant de l'avance est calculé sur la base du montant maximum ou du montant estimé pour les douze premiers mois d'exécution. Le remboursement de l'avance s'impute sur les sommes dues au titulaire, selon un rythme et des modalités fixés par le marché par précompte sur les sommes dues à titre d'acomptes ou de règlement partiel définitif ou de solde.

2) Avance forfaitaire de démarrage et marchés à tranches,

Le montant de l'avance est calculé sur la base du montant de la tranche ferme et pour les douze premiers mois d'exécution dès lors que l'Autorité contractante n'est engagée que sur la tranche ferme.

Le remboursement de l'avance s'impute sur les sommes dues au titulaire, selon un rythme et des modalités fixés par précompte sur les sommes dues à titre d'acomptes ou de règlement définitif.

b. Le remboursement de l'avance forfaitaire de démarrage.

Le remboursement est effectué sur les sommes dues ultérieurement au titulaire. La formule de règlement de remboursement de l'avance est la suivante :

R =(x% -40%) / (80%- 40%) x (Valeur de l'avance consentie)

R : valeur du remboursement à opérer ;

X% : le niveau de réalisation concerné ;

40% : valeur à laquelle débute le remboursement de l'avance ;

80% : valeur à laquelle finit le remboursement de l'avance.

Pour permettre au titulaire de disposer de suffisamment de liquidités pour pouvoir entamer correctement l'exécution du marché, le remboursement commence le plus souvent lorsque le montant des prestations exécutées atteint ou dépasse 40% du montant du marché. Il doit être terminé lorsque ce pourcentage atteint 80% du montant des prestations qui lui sont confiées au titre du marché, du montant minimum dans le cas d'un marché à commandes comportant un montant minimum.

Si le dernier décompte mensuel concerne un niveau de réalisation inférieur à 80% de réalisation, pour ce qui concerne le reliquat de remboursement de l'avance de démarrage, le dernier remboursement se fera lors de l'établissement du décompte général et définitif ; il est égal au montant de l'avance consentie moins le montant payé au dernier décompte mensuel.

Par contre si le dernier décompte mensuel concerne un niveau de réalisation supérieur à 80% de réalisation, le remboursement ne pourra être prélevé que jusqu'à concurrence du montant de l'avance consentie. Le plafond de remboursement étant atteint à 80%. Dans la formule, le rapport (X-40)/ (80-40) sera égale à 1 parce que x ne saurait dépasser 80%.

Nota Bene : Il ne faut pas au niveau du décompte final reprendre le remboursement de l'avance de démarrage s'il a été apuré. Cependant s'il reste un reliquat non récupéré, c'est le moment de le solder.

Si le marché ne donne pas lieu à versement d'acomptes et fait, l'objet d'un seul règlement, le montant de l'avance forfaitaire est déduit en une seule fois du règlement unique.

5.1.1.2 <u>Avance en contrepartie de dépenses engagées.</u>

Le montant total des avances accordées au titre d'un marché déterminé en contrepartie des dépenses engagées ne peut en aucun cas excéder un certain pourcentage du montant initial du marché (généralement les 60%). Des avances au titre des dépenses engagées sont versées dans les cas ci-après :

- si le titulaire du marché justifie que les travaux, fournitures ou services à exécuter nécessitent, soit la réalisation d'installations, soit l'achat, la commande ou la fabrication par lui-même de matériels, machines ou outillages importants, le montant des avances ne peut excéder la fraction de la valeur des installations, matériels, machines et outillages à amortir sur le prix du marché, ni un pourcentage déterminé du montant initial du marché ;

- dans le cas d'un marché de travaux, nécessitant l'emploi sur le chantier d'engins lourds de travaux publics, dans les conditions déterminées par le marché, le montant des avances ne peut excéder ni un pourcentage de la valeur vénale des matériels employés sur le chantier ni un pourcentage déterminé du montant initial du marché ;

- les avances ne peuvent être versées que lorsque les matériels ont été amenés sur le chantier ou, s'il s'agit de matériels dont le titulaire du marché ne disposait pas dans le pays au jour de l'approbation du marché, dès que les matériels peuvent être présentés au service chargé du suivi de l'exécution ;

- si le titulaire du marché justifie de la conclusion d'un contrat d'achat ou d'une commande d'approvisionnement en matériaux, matières premières, ou autres biens destinés à entrer dans la composition des travaux ou des fournitures qui font l'objet du marché, le montant des avances ne peut excéder la valeur des d'approvisionnements considérés.

- si le titulaire du marché justifie se trouver dans l'obligation de faire des dépenses préalables, telles qu'achats de brevets, frais d'études, frais de transport, nécessités par l'exécution du marché, le montant des avances ne peut excéder la valeur des dépenses préalables exposées par le titulaire du marché.

- si le titulaire du marché est chargé d'acquérir pour le compte de l'Autorité contractante, soit des matériels, machines, outillages et équipements industriels, soit des matériaux, matières premières ou objets fabriqués, le montant des avances ne peut excéder le pourcentage correspondant à la valeur des dépenses se rapportant aux acquisitions considérées.

Les avances peuvent être versées préalablement au paiement effectif de ces dépenses dès la conclusion du contrat d'achat ou de commande.

Les avances consenties au titre des dépenses préalables doivent être suivies, dans la comptabilité des services de l'Autorité contractante, jusqu'à apurement.

Le remboursement de l'avance s'impute sur les sommes dues au titulaire, selon un rythme et des modalités fixés par le marché par précompte sur les sommes dues à titre d'acomptes ou de règlement partiel définitif ou de solde.

5.2 DELAIS, MODALITES DE PAIEMENT & PIECES JUSTIFICATIVES.

Pour du mandatement de faibles dépenses dispensées généralement d'un contrat, il est généralement admis qu'elle soit réglée sur simple facture. En l'absence de contrat rédigé, l'ordonnateur doit établir un certificat prenant la responsabilité de l'absence de marché écrit.

A l'inverse, si le marché fait l'objet d'un écrit, même simple (devis accepté, convention signée des deux parties), le contrat doit être produit à l'appui du premier mandat de paiement.

5.2.1 Les préalables au paiement.

Le paiement du prix n'est dû qu'après l'accomplissement de la prestation objet du contrat. Ceci implique l'appréciation matérielle du service fait et la vérification que la prestation est réellement exécutée.

La bonne règle comptable veut que tout paiement ne puisse, être effectué, qu'à la condition de la réalisation de la prestation objet du marché. Le comptable ne peut procéder au paiement qu'à la condition que le service soit constaté et les pièces justificatives fournies.

Le prix du marché est payé soit en une fois après son exécution complète, soit par acomptes au fur et à mesure de son avancement, suivant les modalités prévues par les documents du marché.

Aussitôt qu'un marché est parvenu à un degré de réalisation donnant droit à un paiement, il en est dressé procès-verbal, par l'Autorité contractante. Toutefois, le paiement reste subordonné à l'obligation pour l'attributaire d'introduire une demande.

5.2.1.1 Les pièces justificatives.

La liasse des pièces justificatives est obligatoire pour prétendre à un paiement. Elle constitue, pour les dépenses qu'elle référence, à la fois le minimum et le maximum exigibles par le comptable. Elle est opposable aux ordonnateurs, aux comptables.

Pour procéder au paiement, le comptable assignataire doit disposer des pièces justificatives prévues par la nomenclature, notamment d'un bordereau transmis par l'ordonnateur contenant les originaux du Cahier des prescriptions spéciales (CPS), de l'acte d'engagement, de la facture ou du décompte et de l'ordre de service de démarrage qui peut servir éventuellement pour le calcul des pénalités de retard.

Le contrat numéroté et enregistré ou sa copie est une pièce maîtresse qui permet de vérifier que l'imputation budgétaire est exacte et que les crédits budgétaires couvrant le montant de la dépense sont réalisés.

5.2.1.2 Les vérifications préalables au paiement.

a. Le service fait.

La constatation du service fait est une règle fondamentale de la comptabilité publique qui gouverne et conditionne le règlement des sommes dues. Le service fait est constaté par la personne habilitée qui doit vérifier la réalité de la dette. Il sert comme référence pour la liquidation (le calcul) des pénalités de retard, les intérêts moratoires à l'achèvement des travaux.

b. La certification.

La certification est un acte qui concrétise la dette de l'Administration puisque cette certification permet de s'assurer que le titulaire du marché a bien accompli, selon les prescriptions contractuelles prévues par le marché, les obligations qui lui étaient imposées.

C'est l'accomplissement de ces obligations qui fait naître la dette à la charge de la personne publique et par ailleurs permet au comptable de régler le montant de ces prestations. En effet, il appartient à l'ordonnateur ou à son délégué, au moment de la liquidation, de vérifier la réalité de la dépense. Il s'agit de s'assurer qu'il y a droit acquis et service fait ; à défaut, il doit s'abstenir d'effectuer l'ordonnancement qui serait dépourvu de force obligatoire pour le comptable.

5.3 PAIEMENT DES MARCHÉS DE FOURNITURES.

5.3.1 Le paiement classique de fournitures.

Le paiement dû au fournisseur est effectué dans les trente jours à compter de l'échéance du délai de vérification, pour autant que l'Autorité contractante soit en possession de la facture régulièrement établie et des autres documents exigés.

PAIEMENT CLASSIQUE DE FOURNITURES
Règlement de l'Avance : **dix (10) pour cent**, du prix du marché, seront réglés, dans les jours suivant l'approbation et la notification du marché, contre un reçu et une garantie bancaire pour un montant équivalent et soumise, conformément au modèle fourni dans le document d'appel à la concurrence ou sous une autre forme acceptable par l'Autorité contractante.
A la livraison : **quatre-vingts (80%) pour cent** du Prix du marché sera réglé à la réception des fournitures contre remise des documents précisés dans les Cahiers des Clauses administratives générales (CCAG).
À l'acceptation : le solde de **dix (10%) pour cent** du Prix du marché sera réglé au titulaire du marché dans les trente (30) jours suivant la date du certificat d'acceptation émis par l'Autorité contractante.

A noter que, le dépôt de la facture vaut demande de paiement. Si la livraison a lieu en plusieurs fois, le délai de paiement est compté à partir de l'échéance du délai de vérification pour chacune des livraisons partielles. Pour les marchés à commande ou les marchés allotis, la remise se fait après.

Après livraison matérialisée sur un bordereau accepté sans réserve, le titulaire du marché adresse au comptable public via l'Autorité contractante, une note établie indiquant les références du marché, l'objet du marché, la date, le numéro et le montant de la facture, la date de réception des fournitures.

L'Autorité contractante par le biais de son personnel technique accepte ou rectifie le décompte et arrête le montant de la somme à régler.

5.3.2 Le paiement de fourniture par crédit documentaire.

Une Autorité contractante peut être amenée à effectuer des achats hors du pays. A cet effet, la procédure préconisée pour le règlement de ces achats est le recours à la procédure du crédit documentaire.

Le crédit documentaire s'insère dans le cadre des rapports que nouent une Autorité contractante et un fournisseur étranger ou encore un opérateur économique cocontractant de l'Administration et fournisseur ou fabricant étranger.

C'est une relation commerciale qui s'exécute par le biais de deux banques, l'une dans le pays du titulaire du marché, la banque émettrice et l'autre dans le pays du fournisseur (fabricant), la banque notificative, afin de faciliter le règlement des achats à l'étranger.

Le déroulement des opérations s'effectue en plusieurs étapes et entraîne l'implication de plusieurs acteurs, l'Administration par le biais du Trésor public ou une banque locale Banque du titulaire du marché, le fournisseur ou fabricant et sa banque. Cependant, le nombre d'acteurs peut varier, selon l'opération et son envergure.

5.3.2.1 Le mécanisme du crédit documentaire.

L'Administration demande à une banque de lui ouvrir un crédit au bénéfice du fournisseur selon les stipulations contractuelles. Elle convient avec cette banque du montant du crédit consenti, de sa durée et de l'opération que doit financer le crédit.

La banque émettrice ouvre un crédit documentaire au bénéfice du fournisseur et transmet la lettre d'émission à une banque indiquée par le donneur d'ordre ou, en l'absence d'indication, à son correspondant afin de le notifier au fournisseur.

La deuxième phase consiste en l'envoi de la marchandise par le fournisseur à l'Autorité contractante et les documents à sa banque notificative. C'est à partir de ce moment que la procédure de paiement commence.

Les paiements bancaires internationaux s'opèrent par un jeu d'écritures entre les comptes des correspondants bancaires, connu sous le nom de jeu d'écritures.

Enfin, il est procédé à l'envoi des documents par la banque étrangère à la banque dans le pays de l'Autorité contractante ou du cocontractant. Cette dernière expédie à l'Autorité contractante ou au contractant local les documents relatifs à l'achat.

Cette formalité constitue l'ultime étape de cette relation à l'échelle internationale. C'est alors que commence les relations entre l'Administration ou le cocontractant et la banque émettrice.

a. <u>La forme juridique du crédit documentaire.</u>

Trois types de crédit sont généralement prévus : le crédit révocable, le crédit irrévocable et le crédit irrévocable confirmé.

1) <u>La lettre de crédit révocable</u>

Une lettre de crédit irrévocable ne lie pas la banque au fournisseur étranger ou à la banque étrangère. Elle l'informe seulement qu'elle est chargée par l'Administration de payer les traites, mais elle demeure libre de les payer ou non. Elle n'est aucunement liée à l'exportateur.

2) <u>La lettre de crédit irrévocable</u>.

La lettre de crédit irrévocable contient un engagement ferme de la banque à payer les traites dites traites documentaires qu'émettra le fournisseur étranger.

Il s'agit en conséquence d'un engagement de la banque à l'égard de l'importateur.

L'obligation de la banque ne peut pas être révoquée par la volonté de l'Autorité contractante qui prétendrait que la marchandise livrée ne serait pas conforme.

3) <u>La lettre de crédit irrévocable et confirmée</u>

La lettre de crédit irrévocable confirmée se distingue par une confirmation de la part de la banque émettrice.

C'est une procédure utilisée quand la banque étrangère a des doutes sur la situation financière de la banque émettrice et la solvabilité de l'importateur.

b. Liens entre l'Autorité contractante et la banque.

L'ouverture d'un crédit documentaire peut s'accompagner du dépôt d'un accréditif ou pas. En tout état de cause, l'Administration si elle effectue l'achat directement doit engager la concurrence entre les différentes banques qui ont une surface financière et des correspondants à l'étranger afin de tirer avantage des frais financiers prévus. C'est sur la base d'une convention entre l'Administration et la banque que le crédit doit être réalisé. Trois points essentiels sont à respecter dans ce cas :

- la durée du financement doit correspondre à la durée d'amortissement du bien objet du crédit ;
- le mode de remboursement doit prévoir une période de carence de remboursement ; en outre, les remboursements doivent être constantes en principal et en intérêts.

5.4 Paiement des marchés de Services physiques.

L'Autorité contractante dispose d'un délai de vérification de trente jours à compter de la date de la fin des services physiques, constatée conformément aux modalités fixées dans les documents du marché, pour procéder aux formalités de réception technique et de réception provisoire et en notifier le résultat au prestataire de services.

Le paiement du montant dû au prestataire de services doit intervenir dans le délai de trente jours à compter de l'échéance du délai de vérification, conformément aux modalités fixées dans les documents de marché. Lorsque les documents du marché ne prévoient pas une demande de paiement séparée, la facture vaut demande de paiement.

5.5 LES MODALITES DE PAIEMENT POUR LES MARCHÉS DE TRAVAUX.

5.5.1 Le régime des décomptes et les acomptes.

Le décompte est une notion administrative. C'est un document qui retrace les opérations réalisées et matérialisées par les visas réglementaires prévus à cet effet (signatures du Maître d'ouvrage, du Maître d'œuvre, de l'Entrepreneur) qui débouche sur l'établissement de l'acompte.

Selon la cadence prévue pour le versement des acomptes, le Maître d'œuvre établit des décomptes provisoires dans un délai n'excédant pas un (1) mois après la date de l'acceptation des attachements par l'Entrepreneur le titulaire remet sa demande de paiement mensuelle au Maître d'œuvre, sous la forme d'un projet de décompte.

Ce projet de décompte établit le montant total des sommes auxquelles il peut prétendre du fait de l'exécution du marché depuis son début.

5.5.2 <u>Les décomptes mensuels.</u>

Le projet de décompte mensuel établi par le titulaire constitue en fait la demande de paiement ; cette demande est datée et mentionne les références du marché. Le titulaire envoie cette demande de paiement mensuelle au Maître d'œuvre par tout moyen permettant de lui donner une date certaine.

Avant la fin de chaque mois, le projet de décompte mensuel est établi dans un premier temps par l'Entrepreneur qui doit l'adresser en « recommandé » ou contre récépissé au Maître d'œuvre.

Le projet de décompte fixe le montant total, arrêté à la fin du mois précédent, des sommes cumulées auxquelles le titulaire peut prétendre du fait de l'exécution du marché depuis le début de celui-ci.

Le décompte mensuel établi, hors TVA, comprend, en tant que de besoin, les différentes parties suivantes :

1) les travaux à l'entreprise ;
2) les travaux en régie ;
3) les approvisionnements ;
4) les avances ;
5) les indemnités, pénalités, et retenues autres que la retenue de garantie ;
6) les remboursements des dépenses incombant au Maître d'ouvrage dont l'Entrepreneur a fait l'avance ;
7) le montant à déduire égal à l'excédent des dépenses faites pour les prestations exécutées d'office à la place de l'Entrepreneur défaillant sur les sommes qui auraient été réglées à cet Entrepreneur s'il avait exécuté ces prestations ;
8) les intérêts moratoires.

L'Entrepreneur joint au projet de décompte les pièces suivantes, s'il ne les a pas déjà fournies :

1) les calculs des quantités prises en compte, effectués à partir des éléments contenus dans les constats contradictoires ;
2) le calcul, avec justifications à l'appui, des coefficients de révision des prix ; et le cas échéant, les pièces justifiant les débours dont il demande le remboursement.

Le règlement des comptes se fait par la remise d'un décompte. Avant la fin de chaque mois, l'Entrepreneur remet au Maître d'œuvre un projet de décompte qui établit le montant total auquel il peut prétendre du fait de l'exécution du marché.

Le projet de décompte mensuel est accepté ou rectifié par le Maître d'œuvre (il devient le décompte mensuel). A partir du décompte mensuel, le Maître d'œuvre détermine le montant de l'acompte à régler (différence entre le montant du décompte mensuel et le montant du décompte mensuel précédent).

L'acceptation du décompte provisoire des travaux exécutés et des approvisionnements réalisés vaut, service fait. Les éléments qui y figurent n'ont pas un caractère définitif et ne lient pas les parties contractantes, car le principe de l'indivisibilité du décompte implique que seuls l'achèvement des travaux et l'établissement du solde déterminent les obligations définitives des parties.

Tant pour les acomptes, que pour le dernier paiement pour solde ou pour un paiement unique du montant du marché, l'Entrepreneur est tenu d'introduire une demande de paiement datée, signée et appuyée d'un état détaillé des travaux réalisés justifiant, selon lui, le paiement demandé.

Le projet de décompte est accepté ou rectifié par le Maître d'œuvre, il devient alors le décompte mensuel. Il n'est pas forcément nécessaire d'attendre tous les constats pour présenter un projet de décompte. Le décompte peut être établi à partir des constats contradictoires ou, à défaut, à partir des évaluations du Maître d'ouvrage.

Les éléments figurant dans les décomptes mensuels dès qu'ils ont un caractère définitif servent comme base de liquidation des sommes dues et donnent lieu à un ordre de paiement, c'est-à-dire à un acompte.

Le Maître d'œuvre notifie à l'Autorité contractante, l'état d'acompte qui reprend le montant du décompte ; mais aucune des parties n'est liée par ce montant.

Le plus clair du temps, un délai de vérification de trente jours, à compter de la date de réception de la demande de paiement et de l'état détaillé des travaux réalisés, est laissé l'Autorité contractante. Pour tout paiement, l'Autorité contractante procède alors, à la vérification de l'état des travaux introduit et à sa correction éventuelle.

Après les opérations de vérification, l'Autorité contractante dresse un mémorandum mentionnant les travaux qui sont acceptés en paiement et le montant qu'elle estime devoir dans le cadre de ce marché. Elle donne enfin connaissance de ce mémorandum, par écrit, à l'Entrepreneur et l'invite à introduire dans les meilleurs délais une facture pour le montant indiqué.

Un décompte provisoire ne devient définitif, et en conséquence intangible, qu'à compter de sa signature par l'Autorité contractante ou le Maître d'ouvrage.

La signature du décompte provisoire du marché, établi après vérification du service fait en vue de fixer la rémunération du cocontractant, vaut liquidation de la dépense ; sa transmission au comptable public entraîne le paiement des sommes dues au titulaire.

Les règlements d'avances ou d'acomptes n'ont pas le caractère de paiement définitif. Leur bénéficiaire en est débiteur jusqu'au règlement final du marché ou, lorsque le marché le prévoit, jusqu'au règlement partiel définitif.

Le décompte mensuel comprend, en tant que de besoin, les différentes parties suivantes :

- le montant total du marché en hors taxes sur la valeur ajoutée;
- le montant de l'avance ;
- les approvisionnements ;
- les travaux exécutés ;
- les décomptes antérieurs ;
- les retenues de garantie ;
- les indemnités, pénalités, intérêts moratoires, primes et retenues autres que la retenue de garantie ;
- le remboursement des avances ;
- les remboursements des dépenses incombant au Maître d'ouvrage faites à l'avance par le titulaire du marché public ;
- le montant à déduire, égal à l'excédent des dépenses faites pour les prestations exécutées d'office à la place de l'Entrepreneur défaillant sur les sommes qui auraient été réglées à cet Entrepreneur s'il avait exécuté ces prestations.

5.5.3 Le régime des acomptes.

L'acompte est une notion financière, il constitue un règlement partiel qui survient après l'accomplissement d'un travail ou d'une prestation. Il rémunère une partie des prestations déjà exécutées et figurant dans le décompte.

C'est un versement obligatoire pour un service fait et de droit acquis. « *Les prestations qui ont donné lieu à un commencement d'exécution du marché ouvrent droit à des acomptes à condition que le marché prévoie un délai d'exécution supérieur à trois mois* ».

On peut aussi mandater un acompte pour la totalité du marché s'il s'agit d'un paiement unique et non subséquent. « *Le montant d'un acompte ne peut excéder la valeur des prestations auxquelles il se rapporte……* ».

Ainsi, à la différence du versement d'avance, les acomptes constituent un mode de règlement du prix du marché dans la mesure où ils font suite à un commencement d'exécution des prestations.

L'acompte ne doit pas excéder la valeur des prestations auxquelles il se rapporte, car l'acompte rémunère un service fait. Le versement des acomptes est un droit. Les versements d'acomptes doivent être constatés par écrit et vérifiés par l'Autorité contractante avant paiement.

Dans le cas d'acomptes versés en fonction de phases techniques d'exécution, le marché peut fixer, sous réserve de déduction des avances, le montant de chaque acompte, forfaitairement sous forme de pourcentage du montant initial du marché.

5.5.4 <u>Le décompte général et définitif.</u>

Le décompte définitif est une procédure contradictoire après l'achèvement des travaux. L'Autorité contractante en relation avec le Maître d'œuvre invite l'Entrepreneur pour prendre connaissance du décompte définitif et pour le signer.

L'Entreprise titulaire du marché public peut demander la communication des métrés et des pièces justificatives et en faire des copies et des décomptes.

Le décompte général et définitif établi par le Maître d'œuvre, fixe le montant total de l'exécution du marché et récapitule en détail les acomptes perçus ainsi que l'ensemble des éléments pris en compte pour le règlement définitif du marché.

Le décompte général comprend :

1) le décompte final ;
2) l'état du solde établi, à partir du décompte final et du dernier décompte mensuel ;
3) la récapitulation des acomptes mensuels et du solde ; et
4) le montant du décompte général est égal au résultat de cette dernière récapitulation.

Le décompte général, signé par le maître d'œuvre, doit être notifié à l'Entrepreneur par ordre de service. L'Autorité contractante via le maître d'œuvre peut, à partir de ces éléments, dresser un état du solde égal au montant du décompte final diminué du montant du dernier décompte mensuel, majoré de l'effet éventuel de la révision des prix, ainsi que du montant de la taxe sur la valeur ajoutée (TVA).

L'Entreprise titulaire du marché doit, sous un certain délai à partir de la notification du décompte général, le renvoyer au Maître d'œuvre, revêtu de sa signature, avec ou sans réserve, ou faire connaître les raisons pour lesquelles elle refuse de le signer.

Aucune réserve ultérieure ne sera acceptée après que l'Entrepreneur aura renvoyé le décompte. Si la signature du décompte général est donnée sans réserve, cette acceptation lie définitivement les parties, sauf en ce qui concerne le montant des intérêts moratoires ; ce décompte devient ainsi le décompte général et définitif du marché.

Si la signature du décompte général est refusée ou donnée avec réserves, les motifs de ce refus ou de ces réserves doivent être exposés par l'Entrepreneur dans un mémoire de réclamation qui précise le montant des sommes dont il revendique le paiement.

L'Entreprise titulaire du marché public fournit également dans le mémoire, les justifications nécessaires en reprenant, sous peine de forclusion, les réclamations déjà formulées antérieurement qui n'ont pas fait l'objet d'un règlement définitif.

Le mémoire doit être remis au Maître d'œuvre dans le délai indiqué. Le règlement du différend intervient alors suivant les modalités indiquées au CCAG-Travaux. Si les réserves sont partielles, l'Entrepreneur est lié par son acceptation implicite des éléments du décompte sur lesquels ces réserves ne portent pas.

Dans le cas où l'Entreprise titulaire du marché public n'a pas renvoyé au Maître d'œuvre le décompte général signé dans le délai prescrit, ou encore, dans le cas où, l'ayant renvoyé dans ce délai, elle n'a pas motivé son refus ou n'a pas exposé en détail les motifs de ses réserves en précisant le montant de ses réclamations, ce décompte général est réputé être accepté ; il devient le décompte général et définitif du marché.

Un décompte général et définitif ne lie le Maître d'ouvrage qu'après son approbation, dans la mesure où il va entraîner des engagements financiers. Le paiement du solde doit intervenir dans un délai fixé par le CCAG-Travaux, à compter de la notification du décompte général. Chaque marché doit avoir un et un seul décompte général et définitif.

Si le marché est alloti, il faut un décompte général et définitif par lot, et ce, même si l'on a opté pour une réception globale. Les projets de décompte, dans ce cas, sont remis simultanément et donnent lieu, selon la procédure définie par différents CCAG-Travaux, à autant de décompte général et définitif.

Pour les marchés reconduits, un seul décompte général et définitif est à prévoir, à l'issue de l'exécution. En effet, dans le cadre d'une opération allotie, le Maître d'ouvrage dispose de deux possibilités : il peut prévoir une réception par lot ou une réception globale de l'ouvrage. La réception par lot permet à chacun des titulaires de mettre fin aux relations contractuelles et de faire courir les délais de garantie dès qu'il a achevé les prestations de son marché.

A l'inverse, si la réception globale est retenue par le Maître d'ouvrage, les titulaires devront attendre l'achèvement complet de l'ouvrage pour qu'il soit mis fin aux relations contractuelles et que les délais de garantie puissent courir. Pour un marché reconductible, la reconduction ne fait pas naître un nouveau marché. En conséquence, les marchés reconductibles ne donnent lieu qu'à un seul décompte général et définitif à l'issue de leur exécution.

Lorsqu'une retenue de garantie est opérée, le règlement définitif du marché donne lieu tout d'abord à un règlement pour solde provisoire comprenant les sommes dues au titre de l'exécution normale du marché, déduction faite des versements effectués au titre d'avance et acomptes, puis à un règlement pour solde définitif au titre duquel il est donné mainlevée de la retenue de garantie.

L'acceptation du décompte définitif entraîne l'acceptation par l'Entreprise titulaire du marché public de tout ce qui y figure, y compris les quantités d'ouvrages exécutées et les prix qui leur sont appliqués. Il s'agit en fait d'une opération qui prépare le décompte définitif et général.

Le décompte détermine aussi le montant total des sommes auxquelles peut prétendre l'Entreprise titulaire du marché public du fait de l'exécution du marché dans son ensemble, sauf en ce qui concerne le montant des intérêts moratoires ; ce décompte devient ainsi le décompte général et définitif du marché.

5.6 ETUDE DE CAS PRATIQUES SUR LES DECOMPTES

ENONCE DU CAS 1

Une entreprise est titulaire d'un marché de travaux hors TVA de 70 000 000 francs CFA à réaliser dans un délai contractuel de six (06) mois calendaires. L'ordre de service de démarrage des travaux est daté du 02 mai 2020.

Le marché prévoit une avance de démarrage de 20% qui a été payée à l'entreprise qui a fourni la garantie de bonne exécution dans les 14 jours suivant la notification du marché conformément à l'IC 40.1

Les décomptes provisoires sont élaborés **net à payer** comme suit :

- ✓ Décompte provisoire n°1 . les Travaux sont réalisés à 40 %
- ✓ Décompte provisoire n°2 . les Travaux sont réalisés à 50%
- ✓ Décompte provisoire n°3 les Travaux sont réalisés à 80%

La réception provisoire a été prononcée sans réserve le 10 septembre 2020 en vue du paiement du décompte définitif ; faisant ressortir un retard d'exécution de 7 jours calendaires compte tenu des journées de repos hebdomadaire ainsi que des jours fériés ou chômés qui ne sont pas déduits pour le calcul des pénalités. Sachant que la pénalité journalière de retard au cours de l'exécution du marché est fixée, conformément au CCAP, à 1/1 000ième du montant du marché ,

TRAVAIL A FAIRE

1. Calculer le montant TTC de l'avance de démarrage et décrire la procédure de paiement.
2. Calculer les montants NETS à PAYER (TTC) des décomptes 1 à 3.
3. Calculer le montant TTC du décompte définitif :
4. Donner la procédure de main levée de la retenue de garantie à rembourser à l'entreprise.

TRAITEMENT DU CAS N° 1

Montant du marché TTC	**82 600 000**
Montant du marché HTVA	**70 000 000**
1. Avance de démarrage TTC	**16 520 000**
Avance de démarrage HTVA	**14 000 000**
Procédure de paiement	
- Demande écrite du titulaire	
- Fourniture garantie bancaire d'un montant égal à l'avance + Facture	
2. Calcul des décomptes à payer	
DECOMPTE 1 à 40%	
Travaux effectués HTVA :	28 000 000
A déduire :	
Avance de démarrage HTVA	-
Retenue de garantie de 5% HTVA	1 400 000
TOTAL A DEDUIRE	1 400 000
Décompte 1 net à payer HTVA	**26 600 000**
TVA décompte 1	**4 788 000**
Décompte 1 net à payer TTC	**31 388 000**
DECOMPTE 2 50%	
Travaux effectués HTVA:	35 000 000
A déduire:	
Avance de démarrage HTVA	3 500 000
Retenue de garantie de 5% HTVA	1 750 000
Décompte 1 HTVA	26 600 000
TOTAL A DEDUIRE	31 850 000
Décompte 2 net à payer HTVA	**3 150 000**
TVA décompte 2	**567 000**
Décompte 2 net à payer TTC	**3 717 000**
DECOMPTE 3 à 80%	
Travaux effectués HTVA :	56 000 000
A déduire :	
Avance de démarrage HTVA	1 400 000
Retenue de garantie de 5% HTVA	2 800 000
Décompte 1 HTVA	26 600 000
Décompte 2 HTVA	3 150 000
TOTAL A DEDUIRE	33 950 000
Décompte 3 net à payer HTVA	**22 050 000**
TVA décompte 3	**3 969 000**
Décompte 3 net à payer TTC	**26 019 000**
3. Décompte définitif	
Travaux effectués HTVA :	70 000 000

A déduire :		
	Avance de démarrage	-
	Retenue de garantie 5% HTVA	3 500 000
	Décompte 1HTVA	26 600 000
	Décompte 2 HTVA	3 150 000
	Décompte 3 HTVA	22 050 000
	Pénalités de retard HTVA	490 000
	TOTAL A DEDUIRE	55 790 000
Décompte définitif net à payer HTVA		**14 210 000**
TVA décompte définitif		**2 557 800**
Décompte définitif net à payer TTC		**16 767 800**

4. Procédure de main levée de la retenue de garantie

La procédure de mainlevée de la retenue de garantie est la suivante :

- Fin de la période de garantie définie dans le marché de travaux, matérialisée par un procès-verbal de réception définitive, sans réserve, prononcée par la commission des marchés compétente.
- A défaut, la fourniture par le titulaire du marché, d'une caution bancaire de montant égal à la retenue de garantie, dès prononciation, par la commission compétente, de la réception provisoire des travaux du marché (exécuté à 100% sans réserve).

NOTA BENE : Les banques ne se désengagent de leur caution qu'après réception de l'original ou d'une copie revêtue de la mention « **BON POUR MAINLEVEE DE LA PRESENTE CAUTION** » signée par l'Autorité contractante.

Vérification mathématique		
	Avance de démarrage	-
	Retenue de Garantie TTC	4 130 000
	Pénalités de retard TTC	578 200
	Décompte 1 TTC	31 388 000
	Décompte 2 TTC	3 717 000
	Décompte 3 TTC	26 019 000
	Décompte définitif TTC	16 767 800
	Montant du marché TTC	**82 600 000**

Vérification interprétative	
le montant du marché TTC	**82 600 000**
Le montant payé TTC	77 891 800
Retenue garantie TTC	4 130 000
Pénalités HTVA	490 000
TVA non payée sur pénalité en caisse HTVA	88 200
Total marché vérifié TTC	**82 600 000**

NB : **Apurement du reliquat de l'avance de démarrage**.

Au cas où le remboursement de l'avance aurait été effectué dans sa totalité, il ne faut pas le reprendre au niveau du décompte final. Cependant si, l'avance qui n'a pas été apurée par ce que l'avant-dernier décompte a été fait en deçà des 80%, c'est donc dire qu'il reste une partie de l'avance qui n'est pas encore récupérée. C'est le moment de le solder (ou de récupérer le reliquat) au niveau du décompte définitif en HTVA au niveau des montants à déduire.

Pour le montant à déduire au niveau du calcul des décomptes.

Le niveau de réalisation des travaux doit être en HTVA. Le remboursement de l'avance de démarrage doit être calculé HTVA. Il ne s'agit pas de paiement de prestations. En fait il n'y a pas de sortie d'argent pour le payeur. Il faut aussi se rappeler que lors du paiement de l'avance de démarrage, la TVA y était déjà.

Le remboursement de l'avance de démarrage se fait par un jeu d'écriture et donc ne peut être assujetti à la TVA. Il en est de même de la retenue de garantie au niveau des décomptes.

La retenue de garantie est une somme prélevée, ce n'est pas un paiement donc ne peut être assujetti à ce niveau, à la TVA. Les décomptes sur cette base seront déterminés en HTVA.

Une fois la valeur du décompte HTVA calculée, il faudra y ajouter la TVA pour avoir sa valeur TTC.

Travaux réalisés	HTVA
Remboursement avance démarrage	HTVA
Retenue de garantie	HTVA
Décompte payé	HTVA
Décompte (x) net à payer	**HTVA**
TVA à payer sur décompte (x)	**18%**
Décompte (x) net à payer	**TTC**

Pour le calcul du décompte définitif :

A l'instar des autres décomptes, tous les calculs y affairant, seront faits en HTVA.

Les décomptes payés seront en HTVA ; la retenue de garantie sera en HTVA, les pénalités de retard seront en HTVA il n'y a pas de sortie d'argent donc elles ne peuvent être assujetties à la TVA.

Les pénalités prélevées restent en caisse avec leur part de TVA qui était prévue dans le marché.

Travaux réalisés à 100%	HTVA
Reliquat avance (non apurée)	*HTVA*
Pénalités de retard prélevées	HTVA
Retenue de garantie	HTVA
Décompte 1	HTVA
Décompte x	HTVA
Total à déduire	HTVA
Décompte définitif net à payer	**HTVA**
TVA à payer sur décompte définitif	**18%**
Décompte définitif net à payer	**TTC**

En matière de marché public, le montant payé pour le marché peut être différent du montant originel du marché si toutes les obligations contractuelles n'ont pas été exécutées correctement. Le titulaire du marché peut être passible de pénalités. Ce faisant, le montant payé sera la différence entre le montant originel auquel il convient de retirer la retenue de garantie et la pénalité prélevées, ce qui est aussi égal au montant cumulé des décomptes ce qui exactement égal au montant des acomptes perçus.

Le montant du marché originel est obtenu en faisant la somme des montants perçus, de la retenue de garantie et des pénalités effectivement retenues en HTVA, il est ensuite ajouté le reliquat non versé qui n'est rien d'autre que la TVA sur les pénalités. Il vient donc que le montant du marché est déterminé en additionnant : le perçu en TTC, la retenue de garantie en TTC, les pénalités prélevées HTVA, la TVA sur les pénalités.

La bonne méthode de calcul des décomptes voudrait que, le tout se fasse en HTVA. Une fois que le décompte est déterminé hors TVA l'on ajoute la TVA pour avoir le montant TTC.

Les montants ne sont déterminés TTC une fois que leur montant HTVA, connu.

Plusieurs autres « méthodes » de détermination des décomptes mélangent des montants HTVA et des montants TTC pour en sortir des montants qu'il est difficile de qualifier. Il est parfois utilisé des méthodes ou tous les calculs se font TTC.

En prélevant les retenues de garantie et les pénalités en TTC, il est effectué une ponction sur la trésorerie de l'entreprise au niveau des décomptes ou l'entreprise a besoin de trésoreries notamment au niveau du décompte 3. La méthode de calcul TTC n'est pas recommandée. Utiliser à la place la méthode ou tout est en HTVA. La TVA n'étant ajoutée qu'après avoir déterminé la valeur HTVA de chaque décompte.

Le règlement pour solde

Le règlement pour solde a pour objet le versement au titulaire des sommes dues au titre de l'exécution normale des prestations, objet du marché, déduction faite des versements effectués à titre d'acomptes et d'avance de toute nature non encore récupérés par l'Autorité contractante.

Le règlement du marché intervient après l'exécution totale du marché et a pour effet de mettre fin à la relation contractuelle entre les parties. L'Autorité contractante doit avoir à sa connaissance, l'ensemble des éléments lui permettant de déterminer avec précision les sommes dues au cocontractant.

A ce titre, un décompte général et définitif (DGD) est établi afin de fixer le solde du marché. Le défaut de mandatement du solde d'un marché tel qu'il résulte de la réglementation en vigueur peut faire courir de plein droit et sans autre formalité, au bénéfice du titulaire ou du sous-traitant, des intérêts moratoires à un taux supérieur de 2% au taux d'escompte de la Banque Centrale des Etats de l'Afrique de l'Ouest (BCEAO) à compter du jour suivant l'expiration de ce délai.

5.7 INTERETS MORATOIRES METHODES DE CALCUL.

Lors de l'exécution d'un marché public, l'Autorité contractante doit respecter des délais pour payer son fournisseur. En cas de retard dans les paiements exigibles, l'Entrepreneur a droit à des intérêts moratoires au taux prévu au Cahier des clauses administratives particulières (CCAP). Toutefois si les retards résultent d'une cause pour laquelle le Maître d'ouvrage a été obligé de suspendre les paiements, les intérêts moratoires ne sont pas dus.

Le titulaire du marché a ainsi droit au paiement, de plein droit et sans mise en demeure, à un intérêt au prorata du nombre de jours de retard, si l'Autorité contractante ne paie pas dans les délais. Le titulaire ne peut pas renoncer aux intérêts moratoires : l'Autorité contractante ne peut pas se prévaloir d'une clause contractuelle selon laquelle le titulaire a renoncé au versement d'intérêts moratoires.

Méthode de calcul :

- **Assiette** : montant TTC des sommes impayées ;
- **Taux** de l'intérêt légal à la date à laquelle les intérêts moratoires ont commencé à courir, majoré de deux points, ou taux d'escompte de la Banque Centrale des Etats de l'Afrique de l'Ouest (BCEAO) majoré de 2% à compter du jour suivant l'expiration du délai de paiement ;
- **Durée** : du 1er jour suivant l'expiration du délai de paiement jusqu'à la date de paiement réel.

La liquidation des intérêts moratoires s'effectue selon la formule suivante :

$$MIM = [(MC \times TIM)/360] \times J_p$$

- **Montant Intérêts moratoires (MIM)**
- **Montant créance (MC)** = Montant TTC de la créance payée en retard ;
- **Jours pénalisés (J_p) =** nombre de jours de retard ;
- **Taux intérêts moratoires (TIM) =** taux d'intérêt au titre du trimestre au cours duquel les intérêts moratoires sont applicables 'qui peut être majoré.

L'indemnité versée au titulaire du fait, de retard apporté au paiement de la somme due au titre de l'exécution d'un marché n'est pas la contrepartie d'une prestation de service entrant dans le champ de la taxe sur la valeur ajoutée (TVA) ni dans le champ des paiements, mais constitue la réparation d'un préjudice qui est dissociable de la prestation fournie par l'entreprise bénéficiaire du versement.

5.7.1 La renonciation aux intérêts moratoires.

Eu égard au caractère non obligatoire des intérêts moratoires, il semble qu'ils n'ont pas un caractère d'ordre public, mais seulement une valeur supplétive ; les titulaires du marché peuvent donc renoncer à les réclamer et le comptable ne doit pas obliger l'ordonnateur à les mandater. En effet, en l'absence d'une disposition claire qui interdit cette renonciation, une liberté de décision doit être laissée au bénéficiaire.

**** ***

CHAPITRE VI
SANCTIONS ET PRIMES DANS LES MARCHES

L'Administration dispose de moyens de contrainte pour obliger son cocontractant dans un marché public à exécuter correctement ses obligations notamment en ce qui concerne les délais et les prescriptions techniques.

Le délai est un élément essentiel dans un contrat. Tout marché doit définir les engagements réciproques des parties contractantes et doit contenir au moins, le délai d'exécution du marché et le point de départ de ces délais.

Le terme du délai d'exécution convenu entre les parties est, sauf stipulations contraires, l'achèvement de tous les travaux prévus par le marché, y compris le repliement des installations et la remise en état des lieux. Les délais d'exécution commencent à courir en principe à compter de la notification du marché.

Cependant, un contrat ne peut valablement commencer à être exécuté à compter de la date de notification si toutes les formalités pour le rendre exécutoire n'ont pas été remplies (cas de l'approbation du plan de béton armé par un bureau de contrôle agrée).

En cas de fixation du point de départ du délai à une date antérieure à la notification du marché, le point de départ du délai devra être rapporté à l'accomplissement de cette formalité. Un ordre de service pour différer le délai ou, une attestation de suspension du délai, pourrait être alors, servi. S'agissant de la possibilité de prorogation des délais d'exécution, le CCAG-Travaux est précis, il dispose que le délai d'exécution peut être prolongé par ordre de service pour certains motifs :

- changement dans la masse de travaux ou une modification de l'importance de certaines natures d'ouvrages ;
- substitution à des ouvrages initialement prévus d'ouvrages différents ;
- rencontre de difficultés imprévues au cours du chantier ;
- ajournement des travaux décidé par l'Autorité contractante ;
- retard dans l'exécution d'opérations préliminaires à la charge du Maître d'ouvrage.

En cas d'intempéries, au sens législatif ou réglementaire en vigueur, entraînant un arrêt de travail sur le chantier, les délais d'exécution sont prolongés pour un nombre égal de jours pendant lesquels le travail a été arrêté, en défalquant, les jours d'intempéries prévisibles indiqués au CCAP.

Le marché doit être exécuté conformément aux prescriptions techniques du marché en effet, le contrat constitue la loi des parties, cependant, l'Administration peut influer de manière parfois importante sur les modalités d'exécution du contrat. Elle agit le plus souvent par le biais d'ordres de service, que son cocontractant est tenu de respecter.

Lorsqu'il convient de réaliser des prestations complémentaires par rapport à ce qui était initialement conclu, il appartient aux parties de le consigner dans un document écrit qui prend la forme soit d'un avenant. Toutefois, la mauvaise exécution des obligations expose l'Entrepreneur à des sanctions. Celles-ci ont surtout pour effet de le contraindre à l'exécution du marché.

Dans un contrat de marchés publics, l'administration peut infliger unilatéralement des sanctions au cocontractant. Le pouvoir de sanction appartient à l'Administration même sans texte, en vertu « *des règles générales applicables aux contrats administratifs* ».

Disposant du pouvoir de sanction pour imposer l'exécution de ses obligations à l'Entrepreneur, l'Autorité contractante ou Maître d'ouvrage n'est pas fondé, en vertu du privilège du préalable, à demander à une quelconque juridiction de se substituer à lui pour ce faire. Que le cocontractant ignore ou non les manquements commis, l'Administration doit lui notifier avec précision la nature de ses manquements.

La résiliation n'étant adaptée qu'aux manquements les plus graves, des sanctions proportionnées sont alors infligées. En principe, une sanction ne peut être appliquée qu'après mise en demeure restée sans effet, sauf stipulation contraire du contrat ou en application des dispositions du CCAG. Ces sanctions sont au nombre de quatre :

- **Sanctions pécuniaires au nombre de (1) un :**
    - l'Administration par le biais de l'Autorité contractante peut infliger des pénalités financières ou de retard à son cocontractant ;
- **Sanctions non pécuniaires au nombre de (3) trois :**
    - résiliation par, l'Autorité contractante, aux torts de l'Entrepreneur ;
    - confier l'exécution du marché à une autre entreprise aux frais et aux risques du titulaire du marché ;
    - exclusion des marchés à venir.

6.1 MESURES : DEFAUT D'EXECUTION DES PRESTATIONS.

L'Attributaire est considéré en défaut d'exécution du marché lorsque les prestations ne sont pas exécutées dans les conditions définies par les documents du marché.

Tous les manquements aux clauses du marché, y compris la non-observation des ordres de l'Autorité contractante, sont constatés dans un procès-verbal, une copie en est transmise au titulaire du marché par lettre recommandée. Il peut faire valoir ses moyens de défense par lettre recommandée adressée à l'Autorité contractante. Son silence pouvant être considéré comme une reconnaissance des faits constatés.

Les documents du marché peuvent prévoir, l'application d'une pénalité journalière telle que prévue, par les règles générales d'exécution. Des amendes ou pénalités pour retard sont dues, quant à elles, sans mise en demeure, par la seule expiration du délai sans intervention d'un procès-verbal et appliquées de plein droit pour la totalité des jours de retard.

Lorsque le plafond des pénalités est atteint, le Maître d'ouvrage est en droit de résilier le marché sans mise en demeure préalable. Lorsqu'à l'expiration du délai, l'Attributaire est resté inactif ou a présenté des moyens jugés non justifiés par l'Autorité contractante, celle-ci peut recourir à des mesures d'office.

Les mesures d'office dont peut se prévaloir l'Autorité contractante sont définies comme les sanctions applicables à l'Attributaire en cas de manquement grave à des obligations consignées dans le contrat de marché. Les mesures d'office prises sont :

- la résiliation unilatérale du marché actée par l'organe en charge du contrôle a priori de la passation des marchés ;
- mobilisation de la totalité de la Garantie de bonne exécution de plein droit, par l'Autorité contractante, à titre de dommages ;
- la conclusion d'un ou de plusieurs marchés avec un ou plusieurs tiers pour tout ou partie du marché restant à exécuter.

L'Attributaire en défaut d'exécution peut, outre les sanctions déjà évoquées, être exclu des marchés pour une durée déterminée.

6.1.1 Sanctions pécuniaires-Sanctions non pécuniaires

Les sanctions pécuniaires et non pécuniaires ou coercitives sont des mesures temporaires qui ne mettent pas fin au marché. Dans la plupart des cas, avant de sanctionner le titulaire du marché, il est prévenu par une mise en demeure de l'Autorité contractante lui intimant l'ordre de se conformer, soit aux ordres de services, soit aux dispositions du marché. Cette mise en demeure est notifiée par lettre recommandée et somme l'Entrepreneur de satisfaire ses obligations contractuelles.

6.1.1.1 Les sanctions pécuniaires.

Les sanctions pécuniaires sont les moins graves. Il peut s'agir par exemple, dans le cadre d'un marché de travaux, de pénalités fixées par le contrat et destinées à sanctionner des retards d'exécution. A défaut de pénalités, l'Autorité contractante est en droit de réclamer à l'Entrepreneur la réparation du préjudice qui lui cause son retard sous la forme de dommages-intérêts. En vertu du privilège du préalable, l'Administration peut émettre un état exécutoire correspondant au montant des dommages-intérêts estimé dû.

Les pénalités sont des sommes forfaitaires dues par l'une des parties lorsqu'une obligation contractuelle n'est pas respectée. Elles ne peuvent être appliquées que si une stipulation contractuelle en fixe les modalités d'application. En pratique, elles sont presque toujours stipulées au profit de l'Administration et sanctionnent des retards dans l'exécution des prestations, le simple constat de l'inexécution suffit à entraîner le paiement de la pénalité comme prévu au contrat.

L'inexécution doit être totalement ou partiellement imputable au titulaire du marché, à l'un de ses sous-traitants ou cotraitants solidaires. En cas d'inexécution «partiellement imputable» à l'un de ces intervenants, il y aura application partielle des pénalités, au prorata des responsabilités de chacun à l'entreprise principale. Concrètement, cela se traduit par :

- **retard dû à un sous-traitant** : (l'Entrepreneur est responsable et se voit infliger les pénalités) ;
- **retard exclusivement imputable à d'autres intervenants** : (les pénalités ne sont pas applicables à l'Entrepreneur (ex. : entreprise titulaire d'un marché séparé) ;
- **retard partiellement imputable au Maître de l'ouvrage** : (exonération partielle des pénalités subies par l'Entrepreneur, proportionnelle aux responsabilités de chacun (si le Maître d'ouvrage a ordonné des modifications du programme).

6.1.1.2 Les Pénalités de retard : pourquoi ?

Les pénalités de retard permettent d'assurer l'exécution du marché, dans des délais contraints. Dans les marchés publics, un délai d'exécution des prestations doit être fixé dans le marché il est matérialisé soit par la durée d'exécution du marché ou les dates prévisionnelles de début d'exécution et d'achèvement.

Le non-respect des délais d'exécution, sur lesquels s'est contractuellement engagé le titulaire du marché, peut entraîner la mise en œuvre de pénalités de retard.

Les pénalités visent à inciter les titulaires à respecter leurs engagements. Elles prennent la forme de sanctions pécuniaires forfaitaires, qui se substituent aux dommages-intérêts. Elles ont une fonction dissuasive et réparatrice. Elles interdisent l'Autorité contractante de réclamer toute indemnité supplémentaire au titre des préjudices qu'elles couvrent.

Les plus courantes sont les pénalités de retard : celles qui sont appliquées à titre de sanction si le marché n'est pas exécuté dans les délais. Il ne peut être demandé des pénalités et des dommages et intérêts pour le même préjudice :

- ou bien le marché prévoit des pénalités et l'Autorité contractante peut exiger le versement de ces pénalités ;

- ou bien le marché ne prévoit pas de pénalités et l'Autorité contractante peut alors demander des dommages et intérêts.

Dans le cas des marchés publics, de telles pénalités sont prévues dans le cahier des clauses administratives générales (CCAG)-Travaux. Toutefois, l'Autorité contractante peut décider, lors de la consultation, si les pénalités aux différents Cahiers des Clauses administratives générales s'appliquent ou si elle s'en écarte. Pour que l'Autorité contractante puisse faire payer des pénalités, il faut que le titulaire soit à l'origine du manquement. Si l'Autorité contractante est à l'origine des retards, l'application des pénalités est irrégulière.

6.1.1.3 Les pénalités doivent être prévues.

L'attention particulière de l'Autorité contractante est appelée sur la rédaction des clauses relatives aux modalités de calcul des pénalités et aux délais d'exécution. Pour s'assurer du respect des délais contractuels, les marchés doivent prévoir une clause de pénalités pour retard dont le montant est fixé, pour chaque catégorie de marchés, dans les cahiers des clauses administratives particulières (CCAP). Leur précision conditionne une application prévisible, efficace et sécurisée des pénalités de retard.

6.1.1.4 Modalités d'application des pénalités de retards.

A moins que le marché en dispose autrement, les pénalités pour retard sont appliquées sans mise en demeure préalable, sur la simple confrontation de la date d'expiration des délais contractuels d'exécution et de la date de réception. L'application des pénalités de retard est un droit contractuel de l'Administration, auquel elle peut renoncer. La renonciation par décision motivée de l'Autorité compétente, contractuelle est matérialisée par un avenant.

La pratique invite, l'Autorité contractante à faire une application raisonnée des pénalités de retard. Il est possible de moduler leur montant, si ces pénalités atteignent un montant manifestement dérisoire eu égard au montant du marché. La pénalité est appliquée, sans mise en demeure préalable, c'est-à-dire que l'Autorité contractante n'est pas tenue d'informer le titulaire du marché du retard accusé. Elle doit simplement respecter les conditions d'application de la pénalité de retard fixée dans le marché.

N.B : Les pénalités de retard sont calculées par application du taux précisé au C.C.A.P, selon la formule suivante :

P = V x N x T

Où :

P = montant des pénalités ;

V = valeur pénalisée, c'est-à-dire montant du marché exécuté en retard.

N = nombre de jours de retard ;

T = taux des pénalités.

Le montant des pénalités est plafonné au taux fixé par le cahier des clauses administratives particulières (CCAP). Lorsque le plafond des pénalités est atteint, le Maître d'ouvrage est en droit de résilier le marché sans mise en demeure préalable. Il est recommandé d'arrimer le plafond des pénalités à celui de la garantie de bonne exécution. Aussi les Autorités contractantes devront entamer la procédure de résiliation du marché dès que ce plafond est atteint, dans la mesure où il n'est pas précompté de pénalités de retard, en cas de résiliation.

L'application des pénalités de retard n'est pas optionnelle, l'Autorité contractante doit les appliquer et ceci à plus forte raison lorsque les délais d'exécution constituent un critère de choix de l'offre. Le renoncement aux pénalités pourrait être perçu, en effet, comme un avantage injustifié ou (délit de favoritisme).

Les pénalités sont donc situées hors du champ d'application de la TVA. En pratique, les clauses du cahier des clauses administratives particulières (CCAP) précisent souvent que les pénalités sont appliquées hors taxes.

Même en l'absence de précision du cahier des clauses administratives particulières (CCAP), les pénalités appliquées dans le cadre d'un marché public ne sont pas assujetties à la TVA. En effet, la TVA ne s'applique que si la somme d'argent est la contrepartie d'une prestation. Or, les pénalités ne correspondent pas à une prestation qui serait fournie par l'Administration.

6.1.1.5 Pénalités retard et règlement définitif du marché.

Lorsque le principe des pénalités est prévu au marché, les pénalités peuvent être précomptées sur les acomptes versés au titulaire tout au long du marché, lors de l'établissement des états d'acompte. Dans le cadre d'un marché de travaux ne dérogeant pas aux dispositions du CCAG-Travaux, les pénalités de retard sont incluses dans l'état de l'acompte mensuel.

Les pénalités constituent un élément du décompte général du marché, qui ne peut pas être isolé du solde. Il résulte du principe de l'intangibilité du décompte général, que la contestation des pénalités ne peut se faire distinctement de celle du décompte. Enfin, ce n'est que lors de l'établissement du décompte général que l'émission d'un titre de recettes peut avoir lieu.

6.1.1.6 Application de pénalités et prolongation des délais.

L'Autorité contractante pourra prolonger ces délais de manière unilatérale en cas, notamment, de difficultés d'exécution dues à une cause étrangère aux parties (y compris les éventuels sous-traitants). Le prolongement des délais ne doit, pas être excessif, afin de ne pas bouleverser les conditions de la mise en concurrence initiale.

Pour des travaux supplémentaires décidés par ordre de service, le dépassement du délai d'exécution prévu par le marché initial peut justifier l'application des pénalités de retard prévues au contrat. Il en va autrement si le titulaire a émis des réserves sur ce délai d'exécution ou si un accord est intervenu entre les parties pour ne pas soumettre la réalisation de la prestation au délai prévu initialement ou pour les exclure du champ d'application des pénalités de retard.

6.1.2 Sanctions non pécuniaires ou mesures coercitives.

Le contrat administratif a cette particularité de confier à l'Administration des pouvoirs coercitifs à l'égard de son cocontractant.

Mais ces pouvoirs ne doivent pas occulter le fait que l'on est en présence d'un contrat qui, par nature, reconnaît à chaque partie un certain nombre de droits.

En d'autres termes, si l'Administration dispose, dans le cadre d'un marché public, de prérogatives étendues, elle est également soumise, en tant que partie au contrat, à des obligations juridiquement sanctionnées.

Une sanction coercitive intervient lorsque l'exécution régulière et continue du contrat est menacée. Sans que le contrat soit rompu, l'Administration peut alors confier l'exécution du contrat à un tiers ou l'assurer elle-même (régie), mais aux frais du cocontractant défaillant lorsque son comportement révèle des fautes graves.

6.1.3 La résiliation pour faute du cocontractant.

La résiliation est prononcée à titre de sanction lorsque l'Entrepreneur a eu un comportement grave et gênant la bonne exécution du marché. Il est nécessaire que le cocontractant ait commis une faute suffisamment grave (violation des clauses contractuelles, fausse déclaration, abandon de chantier...) qui lui est imputable.

Lorsque le fait du cocontractant ne peut être qualifié de faute, l'application d'une sanction est exclue. Elle est prononcée aux torts du cocontractant en cas de faute et doit être précédée d'une mise en demeure (sauf clause contraire) restée infructueuse.

Dans cette hypothèse, le cocontractant n'a pas droit à être indemnisé, car la résiliation est prononcée à ses torts, sauf clause contraire.

6.1.3.1 Exécution du marché à une autre entreprise aux frais et risques du titulaire du marché.

Le cocontractant qui a vu son marché résilié est tenu de couvrir la différence entre le coût du marché de substitution et celui du marché résilié sur le fondement qu'il peut être passé un marché avec un autre Entrepreneur pour l'achèvement des travaux.

Le décompte général du marché résilié ne sera notifié à l'Entrepreneur qu'après règlement définitif du nouveau marché passé pour l'achèvement des travaux.

Dans le cas d'un nouveau marché aux frais et risques de l'Entrepreneur, ce dernier est autorisé à en suivre l'exécution sans pouvoir entraver les ordres du Maître d'œuvre et de ses représentants.

Les excédents de dépenses qui résultent du nouveau marché sont à la charge de l'Entrepreneur. Ils sont prélevés sur les sommes qui peuvent lui être dues ou, à défaut, sur ses garanties, sans préjudice des droits à exercer contre lui en cas d'insuffisance ».

Cette garantie du surcoût ne vaut que dans les limites des dépenses imputables à l'entreprise fautive, ce qui implique que le marché de remplacement ait un objet identique et soit passé dans des conditions et des délais normaux.

Ce principe impose en pratique de lui notifier le nouveau marché avant le commencement des travaux, afin qu'il puisse suivre l'exécution du marché de substitution. En tout état de cause, la résiliation ne prive pas l'ancien titulaire du droit d'être réglé de ses créances.

6.2 PRIMES POUR EXECUTION AVANT TERME

Des clauses incitatives peuvent être insérées dans les marchés, aux fins d'améliorer les délais d'exécution, de rechercher une meilleure qualité des prestations ou de réduire les coûts de production. Pour ce faire, le marché doit prévoir des primes pour réalisation anticipée, soit de l'ensemble des prestations, soit de certaines parties des prestations faisant l'objet de délais particuliers ou de dates limites fixés dans le marché.

Si elles sont prévues, elles doivent être au niveau des documents particuliers du marché. Leur attribution est faite sans que le titulaire soit tenu de les demander, qu'il s'agisse de primes relatives à l'exécution de l'ensemble des travaux ou de primes concernant certains ouvrages, parties d'ouvrages faisant l'objet de dates limites fixées dans le marché.

Le taux journalier de ces primes ne peut en aucun cas dépasser celui des pénalités pour retard. De plus, la réduction des délais contractuels au titre de laquelle peuvent être attribuées de telles primes ne saurait excéder le 1/10ème du délai contractuel. La prime est versée TTC, sans que le titulaire soit tenu de la demander, avec le solde de la prestation correspondante. Elle est soumise aux mêmes règles de paiement que celles relatives à ce solde.

**** ***

CHAPITRE VII
REGLEMENT DES DIFFERENDS

7.1 REGLEMENT A L'AMIABLE DES LITIGES.

Le règlement amiable des différends permet d'éviter un procès dans l'hypothèse d'un différend. Ce sont les comités consultatifs de règlement amiable des différends qui sont chargés du règlement amiable des différends.

En cas de différends relatifs à l'exécution des marchés publics, l'Autorité contractante ou le titulaire du marché peut recourir à un comité qui a pour mission de rechercher des éléments de droit ou de fait en vue de proposer une solution amiable et équitable aux différends soumis.

7.1.1 Le Comité de Règlement des Différends.

Dans la phase d'exécution, dans l'impossibilité de régler à l'amiable les différends, les parties peuvent saisir l'Autorité de régulation des marchés publics, notamment dans les cas suivants :

- le refus d'approbation du contrat ;
- les modalités de liquidation des pénalités et des intérêts moratoires ;
- le règlement de la commande ;
- la décision de résiliation prononcée par l'Autorité contractante ou les modalités de calcul de l'indemnité de résiliation ;
- le refus de révision ou d'actualisation des prix.

Un Comité de règlement des différends est établi auprès de l'Autorité de régulation des marchés publics. Ce Comité siège, en fonction des faits dont il est saisi, soit sous la forme d'une Commission litiges, soit en formation disciplinaire. Le Comité comprend des membres issus de l'Administration, du secteur privé et de la société civile.

La présidence du Comité est exercée de droit par le président du Conseil de régulation ou, en cas d'empêchement, par toute personne désignée à cet effet parmi ses membres par le Conseil de régulation.

Les modalités de fonctionnement du Comité ainsi que la procédure devant cette instance sont fixées par voie réglementaire. Les membres du Comité de Règlement des Différends ne doivent en aucun cas exercer des activités ou des fonctions, détenir des intérêts ou recevoir des avantages sous quelque forme que ce soit, incompatibles avec leur statut.

Lorsque le Comité de Règlement des Différends (CRD) examine des réclamations ou des recours concernant des entreprises dans lesquelles les membres du secteur privé ou de la société civile ont des intérêts, ces derniers sont remplacés sur décision du Président du Conseil de Régulation. Le Comité de Règlement des Différends est chargé de :

- recevoir les dénonciations des irrégularités constatées par les parties intéressées ou celles connues de toute autre personne avant, pendant et après la passation ou l'exécution des marchés publics et délégations de service public ;

- recevoir et enregistrer les recours exercés par les candidats et soumissionnaires aux marchés publics et délégations de service public relatifs à la procédure de passation des marchés publics et délégations de service public, ainsi qu'à leur exécution.

Le Comité de Règlement des Différends informe les autorités de tutelle compétentes ainsi que les autorités judiciaires des fautes commises par les agents de l'Etat à l'occasion de la passation ou de l'exécution des marchés publics et délégations de service public. Le Comité de Règlement des Différends est saisi :

- soit par l'Autorité contractante, de sa propre initiative ou à la demande du titulaire du marché, au sujet de différends qu'elle juge utile de lui soumettre ;

- soit par le titulaire ou un soumissionnaire, dès lors qu'elle n'est pas satisfaite de la réponse donnée par l'Autorité contractante au titre du recours gracieux.

Le titulaire saisi le Comité de Règlement des Différends en exposant dans un mémoire les motifs de sa réclamation. La saisine du Comité de Règlement des Différends s'effectue par l'envoi d'un mémoire exposant les motifs de la réclamation et en indiquant le numéro et l'objet du dossier, accompagné des pièces contractuelles du marché ou de toutes correspondances relatives au litige, par lettre recommandée avec avis de réception.

Le recours au Comité de Règlement des Différends n'a pas d'effet suspensif sur l'exécution du marché. L'Autorité de régulation des marchés publics statue dans les délais fixés, faute de quoi les parties peuvent se pourvoir en justice, nonobstant l'inexistence d'un procès-verbal de non-conciliation. En cas d'accord des parties, la solution proposée doit être appliquée immédiatement. En cas de désaccord, les parties peuvent saisir la juridiction administrative compétente.

7.1.2 Le recours contentieux.

Les règles de la responsabilité qui découlent des stipulations contractuelles des marchés publics impliquent, l'obligation au cocontractant de réparer un préjudice subi par l'autre partie du contrat. Le titulaire d'une action relative aux marchés publics, devant une juridiction administrative, tient son droit des clauses contractuelles et de la loi elle-même.

L'épuisement des recours internes prévus, ouvre la voie à ce que les litiges relatifs à la passation des marchés publics soient soumis aux tribunaux compétents. Les litiges relatifs aux marchés sont soumis aux juridictions compétentes pour connaître du contentieux des contrats administratifs.

**** ***

SIGLES & ABREVIATIONS

AGETIP	Agence d'Exécution Travaux d'intérêt public
AMO	Assistant à la Maîtrise d'Ouvrage
ARMP	Autorité de Régulation des marchés publics
ASCOM	Assistant communautaire
BAD	Banque Africaine de Développement
CEDEAO	Communauté économique des Etats d'Afrique de l'Ouest
CESAG	Centre africain d'Etudes supérieures en Gestion
CISHS	Collège Interentreprises de Sécurité d'Hygiène et de Santé
CMP	Code des marchés Publics
CPMP	Commission passation des marchés publics
CPM	Cellule de passation des marchés
CP-SHS	Coordonnateur Projet - Sécurité d'Hygiène et de Santé
CRD	Comité de Règlement des différends
DCMP	Direction du Contrôle des marchés publics
DSCOS	Direction de la Surveillance et du Contrôle de l'Occupation du Sol
EST	Espace Scientifique et Technique
FIDIC	Fédération internationale des Ingénieurs-Conseils
GME	Groupement temporaire d'Entreprises
MOD	Maître d'ouvrage délégué
MOE	Maître d'œuvre
NINEA	Numéro d'Identification national des Entreprises et Administrations
OPC	Ordonnancement Pilotage Coordination
OS	Ordre de service
PDF	Projet décompte final
PGSHS	Plan général Sécurité d'Hygiène et de Santé
P.I	Prestations intellectuelles
PNDL	Programme national de Développement local
PNIR	Programme national d'Infrastructures rurales
PPSHS	Plan particulier Sécurité d'Hygiène et de Santé
PRAO	Projet régional des Pêches en Afrique de l'Ouest
TTC	Toutes Taxes Comprises
TVA	Taxes sur la valeur ajoutée
UCAD	Université Cheikh Anta DIOP
VRD	Voirie et Réseaux divers

****** *****

ANNEXES

**** ***

ANNEXE N° 0

(En-tête)
Autorité contractante

N° / /
A , le

Marché passé par Demande de Renseignements et de Prix
BON DE COMMANDE N°...
**** ****

Date émission Bon de commande : / /
Financement :

Votre facture PROFORMA **N° du / /**

1. **Le titulaire**

[indiquer le nom commercial et la dénomination sociale du titulaire individuel ou de chaque membre du groupement titulaire, les adresses de son établissement et de son siège social (si elle est différente de celle de l'établissement), son adresse électronique, ses numéros de téléphone et de télécopie et son Numéro d'Identification national des Entreprises et Administrations (NINEA.)

Le titulaire du marché identifié ci-dessus est prié de bien vouloir exécuter les prestations désignées ci-dessous, conformément aux dispositions des documents constitutifs du marché public. Il renvoie, dûment remplie et signée une copie du présent ordre de service, qui tiendra lieu d'accusé de réception.

2. **Objet du marché public** : *(reprendre la mention figurant dans les documents constitutifs du marché).*
   - Date de la notification du marché public : .../.../.......................
   - Durée d'exécution du marché public : ....Mois ou ...... Jours.
   - Adresse de livraison ou d'exécution des prestations
3. **Demande de paiement** : Facture (un original et trois copies) + l'original du bon de commande
4. **Mode de paiement** : Par chèque

DETAIL DES PRESTATIONS
Fournitures de bureau / / ou fournitures de pneus pour véhicules.

N°	Description	Quantité	Prix unitaire (francs CFA)	Prix total (francs CFA)
1				
2				
3				
4				
TOTAL HTVA				
TVA				
TOTAL TTC				

Arrêté le présent Bon de commande à la somme de : ***(en lettres)***
et ***(en chiffres)***

A .... le.................

Signature
(l'Autorité contractante)

ANNEXE N° 1

(En-tête) **N° /**

Autorité contractante

A , le

ORDRE DE SERVICE N° ...

**** ****

Dans le cadre du marché N° F/ /2020, du / /2020 dont la durée d'exécution est de : mois ou jours.

1. **Objet du marché public.**

(Reprendre le contenu de la mention figurant dans les documents constitutifs du marché public. En cas d'allotissement, préciser également l'objet de la consultation.

2. **Autorité contractante**

(reprendre le contenu de la mention figurant dans les documents constitutifs du marché public.)

3. **Titulaire du marché public.**

[Indiquer le nom commercial et la dénomination sociale du titulaire individuel ou de chaque membre du groupement titulaire, les adresses de son établissement et de son siège social (si elle est différente de celle de l'établissement), son adresse électronique, ses numéros de téléphone et de télécopie et son Numéro d'Identification national des Entreprises et Administrations (NINEA). En cas de groupement d'entreprises titulaire, identifier le mandataire du groupement.]

4. **Prestations ordonnées :**

Le titulaire du marché identifié ci-dessus est prié de bien vouloir exécuter les prestations désignées ci-dessous, conformément aux dispositions des documents constitutifs du marché public.

- **Adresse de livraison ou d'exécution des prestations ordonnées :**
- **Délai de livraison ou d'exécution des prestations ordonnées :**
  ……………………………………………………
- **Autres précisions : A renseigner le cas échéant.…………………………………………**

N°	Désignation prestations ordonnées	Quantité	TVA	Prix unitaire		Total *	
				HT	TTC	HT	TTC
Montant total de l'ordre de service							

* Total = Prix unitaire X Quantité.

Signature **Signature**

Autorité contractante **Titulaire marché**

……. Le, ../../ 20.. **……. Le, ../../ 20..**

ANNEXE N° 2

(En-tête) **N° / /**
Autorité contractante **A , le**

MARCHÉS DE TRAVAUX
ORDRE DE SERVICE N°......
****** *****

Ce formulaire est un modèle d'ordre de service, qui peut être utilisé par le Maître d'œuvre, pour ordonner les travaux à exécuter.

1. **Autorité contractante**

(Mention figurant dans les documents constitutifs du marché public.)

2. **Titulaire du marché public.**

[Indiquer le nom commercial et la dénomination sociale du titulaire individuel ou de chaque membre du groupement titulaire, les adresses de son établissement et de son siège social (si elle est différente de celle de l'établissement), son adresse électronique, ses numéros de téléphone et de télécopie et Numéro d'Identification National des Entreprises et Administrations (NINEA). En cas de groupement d'entreprises titulaire, identifier le mandataire du groupement.]

3. **Maître d'œuvre.**

[Indiquer le nom commercial et la dénomination sociale du Maître d'œuvre, les adresses de son établissement et de son siège social, son adresse électronique, téléphone et de télécopie et son Numéro d'Identification National des Entreprises et Administrations (NINEA).]

4. **Objet du marché public.**

(Reprendre le contenu de la mention figurant dans les documents constitutifs du marché public. En cas d'allotissement, préciser l'objet de la consultation.)

- Référence du marché public : ......Date de la notification: .../.../...
- Durée d'exécution du marché public : ...mois ou ... jours.

5. **Prestations ordonnées.**

Le titulaire du marché identifié ci-dessus est prié de bien vouloir exécuter les prestations désignées ci-dessous, conformément aux dispositions des documents constitutifs du marché public.

- Adresse d'exécution des prestations ordonnées : ....
- Délai d'exécution des prestations ordonnées : ...Autres précisions : *(A renseigner le cas échéant.)...*

N°	Désignation des prestations ordonnées	Quantité	TVA	Prix unitaire		Total *	
				HT	TTC	HT	TTC
Montant total de l'ordre de service							

* Total = Prix unitaire X Quantité.

L'Entreprise titulaire du marché public devra sous peine de forclusion, faire connaître ses observations par écrit dans les quinze jours qui suivent la réception du présent ordre de service.

Signature **Signature**

Autorité contractante **Maître d'œuvre**
.... Le, ../../ 20.. **....... Le, ../../ 20..**

ANNEXE N° 3

(En-tête) **N° / /**
Autorité contractante **A , le**

ACTE SPÉCIAL
PRÉSENTATION D'UN SOUS-TRAITANT

Ce formulaire est un modèle d'acte spécial ou acte d'engagement relative à la présentation d'un *sous-traitant, qui peut être utilisé par l'Autorité contractante après la demande du titulaire du marché principal pour s'attacher les services d'un sous-traitant.*

**** ***

1. L'Autorité contractante.

(Reprendre le contenu de la mention des documents constitutifs du marché public

2. Le titulaire du marché public. *(Choisir le cas correspondant.)*

2.1. Le titulaire s'est seul (1):

[indiquer le nom commercial et la dénomination sociale du titulaire individuel, les adresses de son établissement et de son siège social (si elle est différente de celle de l'établissement), son adresse électronique, ses numéros de téléphone et son Numéro d'Identification national des Entreprises et Administrations (NINEA)]

2.2. Le titulaire est un groupement d'entreprises (2): conjoint solidaire

En cas de groupement conjoint, le mandataire est solidaire : NON OUI

(préciser, dans le tableau ci-dessous, l'identité de chaque membre du groupement d'entreprises titulaire. En cas de groupement conjoint, sont également indiquées les prestations que chacun des membres du groupement s'est engagé à réaliser. Identifier le mandataire désigné pour représenter le groupement et coordonner les prestations.)

(1) Ou (2) Nom commercial et dénomination sociale, adresse de l'établissement (*), adresse électronique, numéros de téléphone et de télécopie, Numéro d'Identification national des Entreprises et Administrations (NINEA) des membres du groupement	Prestations exécutées par les membres du groupement (**)

(*) Préciser l'adresse du siège social du membre du groupement si elle est différente de celle de l'établissement.

(**) Pour les groupements conjoints.

3. Objet du marché public.

(Reprendre le contenu de la mention figurant dans les documents constitutifs du marché public. En cas d'allotissement, préciser également l'objet de la consultation.)

4. Economie générale du marché public.

- Référence du marché public : ....
- Procédure de passation choisie : ....
- Date d'attribution du marché public : ....
- Date de notification du marché public : ....
- Durée d'exécution du marché public : ....mois ou .... jours.
- *(Reprendre le contenu de la mention figurant dans les documents constitutifs du marché principal.)*
- Nombre et objet des tranches conditionnelles prévues :
- Montant initial du marché public :

Taux de la TVA : ....
Montant HT : ....
Montant TTC : ....

Prestations sous-traitées.

N°	Nature des prestations sous-traitées	Quantité	Prix unitaire	Prix total
1				
Total Hors TVA				
TVA				
Total TTC				

Montant : *(total TTC en lettres et en chiffres)*

5. Sous-traitant Nom, prénom ou dénomination

Indiquer le nom commercial et la dénomination sociale du sous-traitant, les adresses de son établissement et de son siège social (si elle est différente de celle de l'établissement), son adresse électronique, ses numéros de téléphone et son Numéro d'Identification nationale des Entreprises et Administrations (NINEA)]

Le sous-traitant a droit au paiement direct

Le présent acte spécial :

- a pour objet d'accepter le sous-traitant et d'agréer ses conditions de paiement ;
- est un acte spécial modificatif ; il annule et remplace celui du : ../../

6. Conditions de paiement et modalités de règlement

(a) Compte à créditer (intitulé, numéro, etc...)

(b) Avance forfaitaire

(c) Le marché ne prévoyant pas d'avance forfaitaire, il n'en sera versé ni au titulaire ni au sous-traitant;

(d) Le sous-traitant demande à bénéficier de l'avance forfaitaire ; il lui sera versé à ce titre une somme de ....francs CFA, (maximum : 5% du montant prévisionnel des prestations sous-traitées pendant les 12 premiers mois de leur exécution) ; le montant de l'avance forfaitaire à payer au titulaire sera réduit à due proportion.

(e) Le sous-traitant ne demande pas à bénéficier de l'avance forfaitaire.

6.1. Moment de versement.

La date de commencement d'exécution du contrat de sous-traitance est la suivante : ....; cette date sert de point de départ aux délais prévus aux prestations confiées au sous-traitant soit xx jours après le début de l'exécution effective du marché principal par le titulaire à qui il est payé la proportion qui lui est due.

Cependant, si le sous-traitant est présenté après la conclusion du marché, le paiement de l'avance forfaitaire au sous-traitant est subordonné, s'il y a lieu, au remboursement de la partie de l'avance forfaitaire versée au titulaire au titre des prestations sous-traitées.

6.2. Moment de remboursement.

L'avance forfaitaire versée au sous-traitant sera remboursée dans les conditions fixées par les articles 97 alinéa 4 du CMP.

- Autres paiements *(indiquer les modalités de calcul et de paiement des acomptes)*

7. Retenue de garantie

Le sous-traité prévoit une retenue de garantie / ne prévoit pas de retenue de garantie.

8. Pénalités :

(a) le sous-traité prévoit : des pénalités de retard dont le montant est identique au montant des pénalités de retard ou d'indisponibilité susceptible d'être dues par le titulaire, au titre du marché, pour les mêmes prestations.

(b) le sous-traité prévoit : des pénalités de retard qui seront calculées selon la formule suivante: *(1/1000 par jour de retard.)*

9. Modalités de variation des prix

Formule de variation des prix : *(Mettre la formule de révision des prix (la même que pour le marché principal au cas où les prestations sous-traitées dépasseraient une année.)*

Date ou mois d'établissement des prix :

10. Mode de règlement *(mettre l'option correspondante)*

virement lettre de change relevé chèque bancaire

11. Exemplaire unique du titulaire

Le titulaire a rendu à l'Autorité contractante pour signer le marché, l'exemplaire unique qui lui a été délivré en vue d'une cession ou d'un nantissement de créances. L'Autorité contractante pour signer le marché a modifié la formule d'exemplaire unique du titulaire afin de tenir compte de la présente déclaration de sous-traitance.

L'exemplaire unique a été remis à l'établissement de crédit et n'a pu être restitué. Toutefois, le titulaire a produit une attestation de l'établissement de crédit justifiant que la cession ou le nantissement de la créance est d'un montant tel qu'il ne fait pas obstacle au paiement direct de la part sous-traitée, ou qu'il a été réduit de manière à réaliser cette condition.

Si aucune de ces deux conditions n'est remplie, la sous-traitance est impossible.

Le candidat ou le titulaire présente le sous-traitant désigné ci-dessus.

Les conditions de paiement et les modalités de règlement du sous-traitant sont précisées par le candidat ou le titulaire à la rubrique 7 du présent acte.

A , le A le

Le candidat ou le titulaire L'Autorité contractante

(……………)

.A le,

Avis de la Direction du Contrôle des marchés publics

12. Notification de l'acte spécial au titulaire

La notification consiste en la remise d'une photocopie certifiée conforme de l'acte spécial au titulaire.

Cette remise peut être opérée par lettre recommandée avec accusé de réception. Dans ce cas, coller dans ce cadre l'avis de réception postal, daté et signé par le titulaire. En cas de remise contre récépissé, le titulaire signera la formule ci-dessous.

Reçu à titre de notification une copie certifiée conforme du présent acte special.

A , le

Le titulaire du marché

ANNEXE N° 4

(En-tête) **N° / /**
Autorité contractante

A , le

RAPPORT DE PRESENTATION D'UN AVENANT

**** ****

Ce formulaire est un modèle de rapport de présentation, qui peut être utilisé par l'Autorité contractante après la conclusion d'un avenant à un marché public

1. **L'Autorité contractante**

(Reprendre le contenu de la mention dans les documents constitutifs du marché public)

2. **Le titulaire du marché public.**

Le titulaire s'est présenté seul (1):

[indiquer le nom commercial et la dénomination sociale du titulaire individuel, les adresses de son établissement et de son siège social (si elle est différente de celle de l'établissement), son adresse électronique, ses numéros de téléphone et de télécopie et son Numéro d'Identification national des Entreprises et Administrations (NINEA)]

Le titulaire est un groupement d'entreprises (2): conjoint ou solidaire

En cas de groupement conjoint, le mandataire est solidaire :

(préciser, dans le tableau ci-dessous, l'identité de chaque membre du groupement d'entreprises titulaire. En cas de groupement conjoint, sont également indiquées les prestations que chacun des membres du groupement s'est engagé à réaliser. Identifier le mandataire désigné pour représenter le groupement et coordonner les prestations.)

(1) Ou (2) **Nom commercial et dénomination sociale, adresse de l'établissement (*), adresse électronique, numéros de téléphone et de télécopie, Numéro d'Identification nationale des Entreprises et Administrations (NINEA) des membres du groupement**	**Prestations exécutées par les membres du groupement (**)**

(*) Préciser l'adresse du siège social du membre du groupement si elle est différente de celle de l'établissement.

(**) Pour les groupements conjoints.

3. **Objet de l'avenant.**

- **Modifications introduites par l'avenant :**

(détailler toutes les modifications, avec ou sans incidence financière, introduites dans le marché public par le présent avenant.

Préciser les clauses du CCAP ou du CCTP modifiées ou complétées ainsi que l'incidence financière de chacune des modifications apportées.)

4. **Objet de l'avenant.**

▪ **Modifications introduites par l'avenant :**

(détailler toutes les modifications, avec ou sans incidence financière, introduites dans le marché public par le présent avenant.

Préciser les clauses du CCAP ou du CCTP modifiées ou complétées ainsi que l'incidence financière de chacune des modifications apportées.)

5. **Montant de l'avenant**

L'avenant a une incidence financière sur le montant du marché public :

- **Taux de la TVA : ....**
- **Montant HT : ....**
- **Montant TTC : ....**
- **% d'écart** introduit par l'avenant : ....

6. **Montant du marché**

Nouveau montant du marché public:

- **Taux de la TVA : ....**
- **Montant HT : ....**
- **Montant** TTC : ....

Par la présente, l'Autorité contractante (*identifiée au point 1 sollicite l'approbation de l'avenant N° au contrat .... Pour les motifs annoncés au point 4 objet du marché*)

Telle est l'économie du présent projet d'avenant N° au marché N° du 20.. que je soumets à votre approbation.

A , le

ANNEXE N° 5

(En-tête) **N° / /**
Autorité contractante **A , le**

TEXTE D'UN PROJET AVENANT

**** ***

Ce formulaire est un modèle, qui peut être utilisé par l'Autorité contractante pour la conclusion d'un avenant à un marché public.

1. **L'Autorité contractante**

(Reprendre le contenu de la mention dans les documents constitutifs du marché public.)

2. **Le titulaire du marché public**

Le titulaire est seul (1): *[indiquer le nom commercial et la dénomination sociale du titulaire individuel, les adresses de son établissement et de son siège social (si elle est différente de celle de l'établissement), son adresse électronique, ses numéros de téléphone et son Numéro d'Identification nationale des Entreprises et Administrations (NINEA)]*

Le titulaire est un groupement d'entreprises (2): conjoint OU solidaire

En cas de groupement conjoint, le mandataire est solidaire : NON /OUI

(préciser, dans le tableau ci-dessous, l'identité de chaque membre du groupement d'entreprises titulaire. En cas de groupement conjoint, sont également indiquées les prestations que chacun des membres du groupement s'est engagé à réaliser. Identifier le mandataire désigné pour représenter le groupement et coordonner les prestations.)

3. **Identification du marché public initial**

- Objet du marché public: ....
- Montant du marché : ....
- Numéro du marché: ....
- Durée d'exécution du marché public : ....mois ou .... jours.
  (Reprendre le contenu de la mention figurant dans les documents constitutifs du marché public.)
- Nombre et objet des tranches conditionnelles prévues :
- Montant initial du marché public :
  - Taux de la TVA : ....
  - Montant HT : ....
  - Montant TTC : ....

IL A ÉTÉ ARRÊTÉ ET CONVENU CE QUI SUIT :

Article premier : Objet de l'avenant.

Le présent avenant a pour objet de ....

Modifications introduites par l'avenant : (Détailler toutes les modifications, avec ou sans incidence financière, introduites dans le marché public par le présent avenant. Préciser les clauses du CCAP ou du CCTP modifiées ou complétées ainsi que l'incidence financière de chacune des modifications apportées.)

Article 2 : Montant de l'avenant *(s'il y a incidence financière)*.............................

Article 3 : Montant du marché *(s'il y a incidence financière)*................................

Article final - Dispositions diverses

Toutes les autres clauses du contrat initial non modifiées par le présent avenant restent inchangées et demeurent, de stricte application.

EN FOI DE QUOI, les parties au marché ont signé le présent avenant conformément aux lois de la République du Sénégal, les jour et année mentionnés ci-dessous.

A , le **Signature** **titulaire du marché.**	**A , le** **Signature** **l'Autorité contractante.**
A , le **Approuvé par**	**A , le** **Avis** **Direction du Contrôle des marchés publics**

ANNEXE N° 6

(En-tête) **N° / /**

Autorité contractante **A , le**

BON DE COMMANDE N° .....

**** ***

Ce formulaire est un modèle de bon de commande, qui peut être utilisé, pour commander les prestations à exécuter, dans le cadre d'un marché à commandes.

4. L'Autorité contractante

(Reprendre le contenu de la mention des documents constitutifs du marché public.)

1. Le titulaire du marché public.

[Indiquer le nom commercial et la dénomination sociale du titulaire individuel ou de chaque membre du groupement titulaire, les adresses de son établissement et de son siège social (si elle est différente de celle de l'établissement), son adresse électronique, ses numéros de téléphone et de télécopie et son Numéro d'Identification nationale des Entreprises et Administrations (NINEA). En cas de groupement d'entreprises titulaire, identifier le mandataire du groupement.]

2. L'Objet du marché public.

(Reprendre le contenu de la mention figurant dans les documents constitutifs du marché public. En cas d'allotissement, préciser également l'objet de la consultation.

- Référence du marché: ....
- Date de la notification du marché public : ../../..
- Durée d'exécution du marché public : ....mois ou ...... jours.

3. Les Prestations commandées.

Le titulaire du marché identifié ci-dessus est prié de bien vouloir exécuter les prestations désignées ci-dessous, conformément aux dispositions des documents constitutifs du marché public. Il renvoie, dûment remplie et signée, une copie du présent bon de commande, qui tiendra lieu d'accusé de réception.

- Adresse de livraison ou d'exécution des prestations commandées :
- Délai de livraison ou d'exécution des prestations commandées : ../../..
- Autres précisions : *(A renseigner le cas échéant.)*

N°	Désignation des prestations commandées	Quantité	TVA	Prix unitaire		Total *	
				HT	TTC	HT	TTC
1							
2							
3							
4							
5							
Montant total du bon de commande							

Arrêté le présent Bon de Commande à la somme de : ....*(En lettres et en chiffres)*

A , le../../..

Signature

représentant de l'Autorité contractante

Accusé réception bon de commande

Reçu le ../../..

Observations éventuelles : *renseigner le cas échéant.)*

ANNEXE N° 7

(En-tête) **N° / /**

Autorité contractante **A , le**

RECEPTION DE FOURNITURES COURANTES

****** ******

Ce modèle peut être utilisé par l'Autorité contractante, pour formaliser sa décision concernant l'admission des fournitures courantes, après avoir effectué les opérations de vérification quantitative et qualitative. Si les mêmes prestations font l'objet de plusieurs admissions, l'acheteur public renseigne autant de formulaires qu'il y a d'admissions.

1. <u>L'Autorité contractante</u>

(Reprendre le contenu de la mention figurant dans les documents constitutifs du marché public.)

2. <u>Le titulaire du marché public</u>.

[Indiquer le nom commercial et la dénomination sociale du titulaire individuel ou de chaque membre du groupement titulaire, les adresses de son établissement et de son siège social (si elle est différente de celle de l'établissement), son adresse électronique, ses numéros de téléphone et de télécopie et son Numéro d'Identification nationale des Entreprises et Administrations (NINEA). En cas de groupement d'entreprises titulaire, identifier le mandataire du groupement.]

3. <u>Objet du marché public</u>.

(Reprendre le contenu de la mention figurant dans les documents constitutifs du marché public. En cas d'allotissement, préciser également l'objet de la consultation.

- Référence du marché public : ....

4. <u>Prestations attendues.</u>

Bon de commande n°....................du ....

(A renseigner uniquement pour les marchés à commande.)

- Nature des prestations:
- Date de livraison: ../../..

5. <u>Décision l'Autorité contractante</u>.

5.1 Opérations de vérification.

Les opérations de vérification ont eu lieu le ....

(choisir la réponse correspondante.)

□ en présence du titulaire du marché public, ou de son représentant.

□ en l'absence du titulaire du marché public, ou de son représentant, dûment avisé.

5.2 <u>Décision à l'issue des opérations de vérification quantitative</u>.

A l'issue des opérations de vérification quantitative, l'Autorité contractante décide de : (*choisir la réponse correspondante.)*

□ accepter en l'état les prestations suivantes : ....

□ mettre en demeure le titulaire du marché public :

□ de reprendre l'excédent fourni relatif à la prestation suivante : ....

□ de compléter la livraison ou d'achever la prestation suivante : ....

5.3 <u>Décision à l'issue des opérations de vérification qualitative</u>.
A l'issue des opérations de vérification qualitative, l'Autorité contractante décide de : (*choisir la réponse correspondante et renseigner les sous-rubriques avec précision.)*

- prononcer l'admission des prestations suivantes :
- ajourner **l'admission des prestations suivantes :**
  - Motifs de la décision d'ajournement : ....
  - Mises au point que doit effectuer le titulaire du marché public : ......
  - Délai imparti au titulaire pour présenter les prestations mises au point :
  - Délai imparti au titulaire pour faire connaître son acception de la décision d'ajournement : ......
  - Délai prévu pour procéder aux vérifications des prestations, à compter de leur nouvelle présentation par le titulaire : ....
  - Délai imparti au titulaire pour enlever les biens, fournitures ou prestations ayant fait l'objet de la décision d'ajournement : ....
- **rejeter les prestations suivantes :**
  - Motifs de la décision de rejet : ....
  - Délai imparti au titulaire pour présenter ses observations : ....
  - Délai imparti au titulaire pour exécuter à nouveau les prestations : ...
  - Délai imparti au titulaire pour enlever les prestations rejetées : ....

6. <u>Signature l'Autorité contractante.</u>

A , le../../..

Signature

(représentant l'Autorité contractante).

ANNEXE N° 8

(En-tête) **N° / /**
Autorité contractante **Dakar, le**

PROCES-VERBAL DES
OPERATIONS PREALABLES A LA RECEPTION DES TRAVAUX
****** ******

Ce formulaire est un modèle, qui peut être utilisé par le Maître d'œuvre, pour formaliser le procès-verbal des opérations préalables à la décision de réception.

1. **L'Autorité contractante**
(Reprendre le contenu de la mention dans les documents constitutifs du marché public.)
2. **Le titulaire du marché public.**
[Indiquer le nom commercial et la dénomination sociale du titulaire individuel ou de chaque membre du groupement titulaire, les adresses de son établissement et de son siège social (si elle est différente de celle de l'établissement), son adresse électronique, ses numéros de téléphone et de télécopie et son Numéro d'Identification nationale des Entreprises et Administrations (NINEA). En cas de groupement d'entreprises titulaire, identifier le mandataire du groupement.]
3. **Le Maître d'œuvre.**
[Indiquer le nom commercial et la dénomination sociale du Maître d'œuvre, les adresses de son établissement et de son siège social (si elle est différente de celle de l'établissement), son adresse électronique, ses numéros de téléphone et de télécopie et son Numéro d'Identification nationale des Entreprises et Administrations (NINEA).]
4. **Objet du marché public.**
(Reprendre le contenu de la mention figurant dans les documents constitutifs du marché public. En cas d'allotissement, préciser l'objet de la consultation.)
5. **Objet des opérations préalables à la réception des ouvrages.**
   - Date d'achèvement proposée par le titulaire du marché public../../..
   - Les opérations préalables à la réception des ouvrages portent sur : *(Cocher la case correspondante.)*
     - la réception de l'ouvrage comportant les prestations suivantes :
     - la réception partielle relative aux prestations désignées ci-dessous :
6. **Procès-verbal des opérations préalables à la réception des ouvrages.**
Je soussigné, ..., Maître d'œuvre *(Rappeler les nom et prénom du Maître d'œuvre et choisir l'événement.)*
     - en présence du représentant de l'Autorité contractante;
     - en l'absence du représentant de l'Autorité contractante, dûment avisé par mes soins ;
     - en présence du titulaire du marché public ;
     - en l'absence du titulaire dûment convoqué, en date du ../../..
   - **les travaux et prestations, prévus au marché public :**
     - ont été exécutés ;
     - ont été exécutés, à l'exception de ceux indiqués à l'annexe n° … ci-joint ;
   - **les ouvrages :**
     - sont conformes aux spécifications du marché public ;
     - sont conformes aux spécifications du marché public, à l'exception des imperfections ou malfaçons indiquées à l'annexe n° .... ci-joint ;

- **les ouvrages :**
  - sont conformes aux spécifications du marché public ;
  - sont conformes aux spécifications du marché public, à l'exception des imperfections ou malfaçons indiquées à l'annexe n° .... ci-jointe ;
- **les conditions de pose des équipements :**
  - sont conformes aux spécifications des fournisseurs ;
  - ne sont pas conformes aux spécifications des fournisseurs.
- **les installations de chantier :**
  - ont été repliées ;
  - n'ont pas été repliées ;
- **les terrains et les lieux :**
  - ont été remis en état ;
  - n'ont pas été remis en état.

Dressé le .... Accepté le ....

Signature (Maître d'œuvre) Signature (titulaire)

(Ajouter autres signataires représentant le Maître d'ouvrage)

J'atteste que le titulaire du marché public a refusé de signer le présent procès-verbal.

Dressé le ....

Signature
(Maître d'œuvre)

ANNEXE N° 9

(En-tête) **N° / /**
Autorité contractante **A , le**

RECEPTION DES TRAVAUX
DECISION DE RECEPTION PROVISOIRE
****** ******

Ce modèle peut être utilisé par le Maître d'ouvrage, pour formaliser sa décision de réception provisoire, relative aux travaux dans le cadre d'un marché public.

1. **Le Maître d'ouvrage.**
(Reprendre le contenu de la mention des documents constitutifs du marché public.)
2. **Le titulaire du marché public.**
[Indiquer le nom commercial et la dénomination sociale du titulaire individuel ou de chaque membre du groupement titulaire, les adresses de son établissement et de son siège social (si elle est différente de celle de l'établissement), son adresse électronique, ses numéros de téléphone et de télécopie et son Numéro d'Identification nationale des Entreprises et Administrations (NINEA). En cas de groupement d'entreprises titulaire, identifier le mandataire du groupement.]
3. **Le Maître d'œuvre.**
[Indiquer le nom commercial et la dénomination sociale du Maître d'œuvre, les adresses de son établissement et de son siège social (si elle est différente de celle de l'établissement), son adresse électronique, ses numéros de téléphone et de télécopie et son Numéro d'Identification nationale des Entreprises et Administrations (NINEA)
4. **Objet du marché public.**
(Reprendre le contenu de la mention figurant dans les documents constitutifs du marché public. En cas d'allotissement, préciser également l'objet de la consultation.)
5. **Objet de la décision de réception provisoire.**
La présente décision a pour objet la réception provisoire des prestations désignées ci-dessous :
6. **Décision du Maître d'ouvrage.**
Au vu : *(Cocher la ou les cases correspondantes.)*
   - du procès-verbal des opérations préalables à la réception, en date du ../../.., et des propositions présentées le../../.. par le Maître d'œuvre ;
   - de la lettre, en date du ../../.., par laquelle le titulaire du marché public accepte la réfaction proposée ;

   Le Maître d'ouvrage décide :*(Cocher la case correspondante.)*
   - que la date retenue, pour l'achèvement des travaux, est fixée au ../../..
   - que la réception provisoire est prononcée ;
     - sans réserve.
     - sous réserve :
   - de l'exécution concluante des épreuves énumérées à l'annexe n°.... ci-jointe.
   - de l'exécution des travaux et prestations, énumérés à l'annexe n°... ci-jointe, avant le ../../..

- avec réserve :

- le titulaire doit remédier, avant le ../../.., aux imperfections et malfaçons indiquées à l'annexe n° .... ci-jointe.

• Toutefois, il est proposé que cette dernière réserve soit levée, si le titulaire du marché public accepte une réfaction égale en prix de base à (Indiquer le montant de la réfaction.) : ....

- les installations de chantier doivent été repliées et les terrains et les lieux doivent être remis en état, avant le ....

- les conditions de pose des équipements doivent être mises en conformité avec les spécifications des fournisseurs, avant le ....

7. <u>Signature du Maître d'ouvrage</u>.

A : .... , le ../../..

Signature

(Maître d'ouvrage)

ANNEXE N° 10

(En-tête) | **N° / /**
Autorité contractante | **A , le**

RECEPTION DES TRAVAUX ET
DECISION DE NON-RECEPTION

**** ****

Ce formulaire est un modèle, qui peut être utilisé par le Maître d'ouvrage, pour formaliser sa décision de non-réception, relative aux travaux commandés dans le cadre d'un marché public.

1. **Le Maître d'ouvrage.**
   (Reprendre le contenu de la mention figurant dans les documents constitutifs du marché public.)
2. **Le titulaire du marché public.**
   [Indiquer le nom commercial et la dénomination sociale du titulaire individuel ou de chaque membre du groupement titulaire, les adresses de son établissement et de son siège social (si elle est différente de celle de l'établissement), son adresse électronique, ses numéros de téléphone et de télécopie et son Numéro d'Identification nationale des Entreprises et Administrations (NINEA). En cas de groupement d'entreprises titulaire, identifier le mandataire du groupement.]
3. **Identification du Maître d'œuvre.**
   [Indiquer le nom commercial et la dénomination sociale du Maître d'œuvre, les adresses de son établissement et de son siège social (si elle est différente de celle de l'établissement), son adresse électronique, ses numéros de téléphone et de télécopie et son Numéro d'Identification nationale des Entreprises et Administrations (NINEA).]
4. **Objet du marché public.**
   (Reprendre le contenu de la mention figurant dans les documents constitutifs du marché public. En cas d'allotissement, préciser également l'objet de la consultation.)
5. **Décision du Maître d'ouvrage.**
   Au vu du procès-verbal des opérations préalables à la réception, en date du …………………, et des propositions présentées le ………………… par le Maître d'œuvre, le Maître d'ouvrage décide de ne pas prononcer la réception des travaux et prestations désignés ci-dessous :
   ……………………………………………………………………………………………
   ……………………………………………………………………………………………
6. **Signature du Maître d'ouvrage et du Maître d'œuvre**

A : le ../../ | A : le ../../

Signature (Maître d'ouvrage) | Signature (Maître d'œuvre)

ANNEXE N° 11

(En-tête) **N° / /**
Autorité contractante **A , le**

RECEPTION DES TRAVAUX
PROCES-VERBAL DE LEVEE DES RESERVES
**** ****

Ce formulaire est un modèle de procès-verbal, qui peut être utilisé par le Maître d'œuvre, pour consigner les opérations de levée des réserves, énumérées par le Maître d'ouvrage dans sa décision de réception des travaux

1. **L'Autorité contractante.**
(Reprendre le contenu de la mention des documents constitutifs du marché.)
2. **Identification du titulaire du marché public.**
[Indiquer le nom commercial et la dénomination sociale du titulaire individuel ou de chaque membre du groupement titulaire, les adresses de son établissement et de son siège social (si elle est différente de celle de l'établissement), son adresse électronique, ses numéros de téléphone et de télécopie et son Numéro d'Identification nationale des Entreprises et Administrations (NINEA). En cas de groupement d'entreprises titulaire, identifier le mandataire du groupement.]
3. **Identification du Maître d'œuvre.**
[Indiquer le nom commercial et la dénomination sociale du Maître d'œuvre, les adresses de son établissement et de son siège social (si elle est différente de celle de l'établissement), son adresse électronique, ses numéros de téléphone et de télécopie et NINEA).
4. **Objet du marché public.**
(Reprendre le contenu de la mention figurant dans les documents constitutifs du marché public. En cas d'allotissement, préciser également l'objet de la consultation.)
5. **Objet du procès-verbal de levée des réserves.**
La levée des réserves porte sur : *(choisir l'événement correspondant)*
    - en présence du représentant de l'Autorité contractante. ;
    - en l'absence du représentant de l'Autorité contractante dûment avisé;
    - en présence du titulaire du marché public ;
    - en l'absence du titulaire du marché public dûment convoqué, par courrier en date du ../../.. .

Après avoir procédé aux examens et vérifications nécessaires, constate que : *(Cocher les cases correspondantes.)*

- **les épreuves, prévues au marché public** :
    - n'ont pas été effectuées ;
    - ont été effectuées, à l'exception de celles indiquées à l'annexe n° … ci-jointe ;
        - o et sont concluantes ;
        - o et sont concluantes, à l'exception de celles indiquées à l'annexe n°……… ci-jointe ;
- **les travaux et prestations, ayant fait l'objet de réserves** :
    - ont été exécutés ;
    - ont été exécutés, à l'exception de ceux indiqués à l'annexe n° …… ci-jointe ;
- **les ouvrages :**
    - sont conformes aux spécifications du marché public, les imperfections et malfaçons constatées ayant été corrigées ;

- sont conformes aux spécifications du marché public, à l'exception des imperfections ou malfaçons indiquées à l'annexe n° ...... ci-jointe, qui n'ont pas été corrigées ;

- **les conditions de pose des équipements** :
  - sont conformes aux spécifications des fournisseurs ;
  - ne sont pas conformes aux spécifications des fournisseurs.
- **les installations de chantier :**
  - ont été repliées ;
  - n'ont pas été repliées ;
- **les terrains et les lieux :**
  - ont été remis en état ;
  - n'ont pas été remis en état.

Dressé le ....

Signature
(Maître d'œuvre)

(Ajouter autres signataires représentant le Maître d'ouvrage)

J'atteste que le titulaire du marché public a refusé de signer le présent procès-verbal le cas échéant)

Dressé le ....

Signature
(Maître d'œuvre)

ANNEXE N° 12

(En-tête) **N° / /**
Autorité contractante **A , le**

RECEPTION DES TRAVAUX
PROPOSITIONS DU MAITRE D'ŒUVRE
ET DECISION DU MAITRE D'OUVRAGE
RELATIVES A LA LEVEE DES RESERVES

**** ****

Ce formulaire est un modèle, qui peut être utilisé par le Maître d'œuvre, pour formaliser ses propositions relatives au procès-verbal de levée de réserves (formulaire annexe N°). Il peut aussi être utilisé par le Maître d'ouvrage, pour formaliser sa décision concernant la levée des réserves, qu'il a émises dans sa décision de réception provisoire des ouvrages.

1. **Le Maître d'ouvrage.**

(Reprendre le contenu de la mention des documents constitutifs du marché public.)

2. **Le titulaire du marché public.**

[Indiquer le nom commercial et la dénomination sociale du titulaire individuel ou de chaque membre du groupement titulaire, les adresses de son établissement et de son siège social (si elle est différente de celle de l'établissement), son adresse électronique, ses numéros de téléphone et de télécopie et son NINEA. En cas de groupement d'entreprises titulaire, identifier le mandataire du groupement.]

3. **Le Maître d'œuvre.**

[Indiquer le nom commercial et la dénomination sociale du Maître d'œuvre, les adresses de son établissement et de son siège social, son adresse électronique, ses numéros de téléphone et de télécopie et son NINEA.]

4. **Objet du marché public.**

(Reprendre le contenu de la mention des documents constitutifs du marché public. En cas d'allotissement, préciser également l'objet de la consultation.)

5. **Objet de la levée des réserves.**

La levée des réserves porte sur : *(Cocher la case correspondante.)*

- la réception de l'ouvrage comportant les prestations suivantes :
- la réception partielle relative aux prestations désignées ci-dessous :

6. **Propositions du Maître d'œuvre relatives au procès-verbal de levée des réserves.**

Au vu du procès-verbal de levée des réserves, en date du ../../.. ; **je soussigné** .... **Maître d'œuvre,** propose : *(Cocher la case correspondante.)*

- de rapporter la réception des travaux et prestations, l'exécution des épreuves mentionnées dans la décision de réception des ouvrages du ../../..n'ayant pas été concluantes.
- de lever toutes les réserves dont était assortie la décision de réception des ouvrages, intervenue le . ../../.
- de maintenir l'ensemble des réserves dont était assortie la décision de réception des ouvrages, intervenue le ....
- parmi les réserves dont était assortie la décision de réception des ouvrages intervenue le ../../.., de lever celles figurant dans l'annexe n° .... du présent formulaire.

Il est proposé de maintenir les réserves suivantes :

(Choisir l'élément correspondant.)

- l'exécution des épreuves énumérées à l'annexe N° .... ci-jointe.
- l'exécution des travaux et prestations listés à l'annexe N° ... ci-jointe.
- la correction des imperfections et malfaçons indiquées à l'annexe N° ....

les installations de chantier doivent été repliées et les terrains et les lieux doivent être remis en état, avant le ../../. .les conditions de pose des équipements doivent être mises en conformité avec les spécifications des fournisseurs, avant le ../. /..

Signature du Maître d'œuvre.

A : .... , le ../../.

Signature
(Maître d'œuvre)

7. Décision du Maître d'ouvrage.

Au vu du procès-verbal de levée des réserves, en date du ../../. et des propositions complémentaires présentées le ../../.. par le Maître d'œuvre ;

Le Maître d'ouvrage décide : *(Choisir l'élément correspondant.)*

- d'accepter toutes les propositions complémentaires du Maître d'œuvre relatives au procès-verbal de levée des réserves.
- de ne pas retenir les propositions complémentaires du Maître d'œuvre relatives au procès-verbal de levée des réserves et de :
  - rapporter la réception des travaux et prestations, l'exécution des épreuves mentionnées dans la décision de réception des ouvrages du ../../.n'ayant pas été concluantes.
  - lever toutes les réserves dont était assortie la décision de réception des ouvrages, intervenue le ../../..
  - maintenir l'ensemble des réserves dont était assortie la décision de réception des ouvrages, intervenue le ../../..
  - parmi les réserves qui était assortie la décision de réception des ouvrages intervenue le....; ./../..lever celles figurant dans l'annexe n° .... du présent formulaire.

Il est décidé de maintenir les réserves suivantes :
(Choisir l'élément correspondant.)

- l'exécution des épreuves énumérées à l'annexe n .... ci-jointe.
- l'exécution des travaux et prestations listés à l'annexe n°...... ci-jointe.
- la correction des imperfections et malfaçons indiquées à l'annexe n° ....
- les installations de chantier doivent été repliées et les terrains et les lieux doivent être remis en état, avant le ../../..
- les conditions de pose des équipements doivent être mises en conformité avec les spécifications des fournisseurs, avant le ../../..

8. Signature du Maître d'ouvrage.

A : .... , le ../../.

Signature
(Maître d'ouvrage)

ANNEXE N° 13

(En-tête) **N° / /**

Autorité contractante **A , le**

RECEPTION DES TRAVAUX

DECISION DE RECEPTION DEFINITIVE

**** *****

Ce formulaire est un modèle, qui peut être utilisé par le Maître d'ouvrage, pour formaliser sa décision de réception définitive de travaux dans d'un marché public.

1. Le Maître d'ouvrage.

(Reprendre le contenu de la mention des documents constitutifs du marché public.)

2. Le titulaire du marché public.

[Indiquer le nom commercial et la dénomination sociale du titulaire individuel ou de chaque membre du groupement titulaire, les adresses de son établissement et de son siège social (si elle est différente de celle de l'établissement), son adresse électronique, ses numéros de téléphone et de télécopie et NINEA. En cas de groupement d'entreprises titulaire, identifier le mandataire.]

3. Le Maître d'œuvre.

[Indiquer le nom commercial et la dénomination sociale du Maître d'œuvre, les adresses de son établissement et de son siège social (si elle est différente de celle de l'établissement), son adresse électronique, ses numéros de téléphone et de télécopie et son NINEA.

4. Objet du marché public.

(Reprendre le contenu de la mention figurant dans les documents constitutifs du marché public. En cas d'allotissement, préciser également l'objet de la consultation.)

5. Objet de la décision de réception définitive.

La présente décision a pour objet la réception définitive des prestations ci-dessous :

6. Décision du Maître d'ouvrage.

Au vu : *(Choisir l'élément correspondant.)*

- du procès-verbal des opérations préalables à la réception provisoire, en date du ../../.., et des propositions présentées le ../../.. par le Maître d'œuvre ;
- de la lettre, en date du ../../.. par laquelle le titulaire du marché public accepte la réfaction proposée ;

le Maître d'ouvrage décide : *(Choisir l'élément correspondant.)*

- que la réception définitive est prononcée ;
    - sans réserve.
    - sous réserve :
        - o de l'exécution concluante des épreuves à l'annexe n°.... ci-jointe.
        - o de l'exécution des travaux et prestations, à l'annexe n°... ci-jointe, avant le. ../../...

Toutefois, il est proposé que cette dernière réserve soit levée, si le titulaire accepte une réfaction égale en prix de base à *(Indiquer le montant de la réfaction.)* : ....

- les installations de chantier doivent été repliées et les terrains et les lieux doivent être remis en état, avant le ../../...
- les conditions de pose des équipements doivent être mises en conformité avec les spécifications des fournisseurs, avant le ../../.. .

7. Signature du Maître d'ouvrage.

A : .... , le ../../..

Signature

(Maître d'ouvrage)

ANNEXE N° 14

(En-tête) **N° / /**
Autorité contractante **A , le**

DECOMPTE DES PENALITES DE RETARD

****** ******

Ce formulaire est un modèle, qui peut être utilisé par l'Autorité contractante (ou la Personne Responsable du marché public), pour constater un retard dans l'exécution des prestations, calculer les pénalités qui en découlent, et notifier au titulaire du marché public le montant de ces pénalités de retard.

1. **L'Autorité contractante.**

(Reprendre le contenu de la mention des documents constitutifs du marché.)

2. **Le titulaire du marché public.**

[Indiquer le nom commercial et la dénomination sociale du titulaire individuel ou de chaque membre du groupement titulaire, les adresses de son établissement et de son siège social (si elle est différente de celle de l'établissement), son adresse électronique, ses numéros de téléphone et de télécopie et son NINEA. En cas de groupement d'entreprises titulaire, identifier le mandataire.]

3. **Objet du marché public.**

(Reprendre le contenu de la mention figurant dans les documents constitutifs du marché public. En cas d'allotissement, préciser également l'objet de la consultation.)

- Date de la notification du marché public : ../../..
- Durée d'exécution du marché public : ....mois ou ...... jours.
- Montant du marché public :
  - Taux de la TVA : ....
  - Montant HT : ....
  - Montant TTC : ....

4. **Clauses contractuelles mises en œuvre.**

(Préciser les clauses contractuelles du marché public, notamment les clauses du CCAG ou du CCAP, mises en œuvre pour le décompte des pénalités de retard).

5. **Calcul du retard dans l'exécution des prestations.**

Désignation de la prestation	Livraison ou exécution		Nombre de jours de retard	Nombre de jours à déduire (*)	Nombre de jours servant au calcul de la pénalité
	Date réelle	Date contractuelle			
TOTAL					

(*) Indiquer le nombre de jours accordés au titre d'une prolongation ou d'un sursis de livraison.

6. **Modalités de calcul des pénalités.**

- Formule de calcul des pénalités de retard applicable : (Transcrire la formule de pénalisation utilisée.)
- Montant HT servant de calcul aux pénalités de retard : ....

7. **Calcul des pénalités de retard.**

(Décrire le calcul effectué pour déterminer le montant des pénalités de retard.)
Montant des pénalités de retard :

- Montant des pénalités arrêté en chiffres à : ....
- Montant des pénalités arrêté en lettres à : ....

8. Signature l'Autorité contractante.

A : .... , le ....

ignature
(représentant de l'Autorité contractante)

ANNEXE N° 15

(En-tête) **N° / /**
Autorité contractante **A , le**

MODELE MISE EN DEMEURE

**** ****

Ce formulaire est un modèle, qui peut être utilisé par l'Autorité contractante pour formaliser une mise en demeure adressée au titulaire d'un marché public.

1. L'Autorité contractante.

(Reprendre le contenu de la mention dans les documents constitutifs du marché public.)

2. Le titulaire du marché public.

[Indiquer le nom commercial et la dénomination sociale du titulaire individuel ou de chaque membre du groupement titulaire, les adresses de son établissement et de son siège social (si elle est différente de celle de l'établissement), son adresse électronique, ses numéros de téléphone et de télécopie et son Numéro d'Identification nationale des Entreprises et Administrations (NINEA). En cas de groupement d'entreprises titulaire, identifier le mandataire.]

Conditions d'envoi de la mise en demeure au titulaire du marché public : *(Choisir l'élément correspondant.)*

□ directement au titulaire.

□ sous-couvert du mandataire du groupement titulaire *(en cas de cotraitance.).*

3. Objet du marché public.

(Reprendre le contenu de la mention figurant dans les documents constitutifs du marché public. En cas d'allotissement, préciser également l'objet de la consultation.)

- Date de la notification du marché public : ...../../..
- Durée d'exécution du marché public : ......mois ou ....jours.

4. Clauses contractuelles mises en œuvre.

(Préciser les clauses contractuelles du marché public, notamment les clauses du CCAG ou du CCAP, mises en œuvre pour la mise en demeure).

5. Projet de lettre.

Madame, Monsieur,

Dans le cadre de l'exécution *(Choisir l'élément correspondant.)*

□ du marché public n° ....

□ du bon de commande n° ....

□ de l'ordre de service n° ....

□ de la lettre n° ....

en date du ...., il vous a été demandé d'exécuter les prestations désignées ci-dessous avant le ...... : *(Détailler les prestations visées par la mise en demeure.)*

Cette demande :

□ est conforme aux clauses d'exécution du marché public.

□ constitue une mise en jeu de la garantie prévue au marché public.

Ces prestations, régulièrement demandées, ne sont pas exécutées à ce jour.

(Expliquer, en quoi les prestations commandées ne sont toujours pas exécutées.)

Ces prestations doivent être exécutées, sans faute, pour le ../../..au plus tard.

Le délai de garantie est prolongé jusqu'à l'exécution complète de ces prestations.

En l'absence d'exécution à cette date, il sera prononcé :

- la résiliation simple du marché public, à vos torts.
- la résiliation du marché public, à vos torts et son exécution à vos frais et risques.
- l'exécution à vos frais et risques par une autre entreprise, sans résiliation du marché public, des prestations suivantes : *(uniquement pour les marchés publics de travaux.)*

Je vous invite à présenter vos observations avant le /../..

Veuillez agréer, Madame, Monsieur, l'expression de mes salutations distinguées.

A : .... , le ....

Signature

(L'Autorité contractante)

ANNEXE N°16

(En-tête) **N° / /**
Autorité contractante **A , le**

DECISION DE RESILIATION

**** ***

Ceci est un modèle, qui peut être utilisé par l'Autorité contractante, pour formaliser la décision de résiliation, notifiée au titulaire du marché public.

1. L'Autorité contractante

(Reprendre le contenu de la mention figurant dans les documents constitutifs du marché public.)

2. Le titulaire du marché public.

[Indiquer le nom commercial et la dénomination sociale du titulaire individuel ou de chaque membre du groupement titulaire, les adresses de son établissement et de son siège social (si elle est différente de celle de l'établissement), son adresse électronique, ses numéros de téléphone et de télécopie et son Numéro d'Identification nationale des Entreprises et Administrations (NINEA). En cas de groupement d'entreprises titulaire, identifier le mandataire.]

3. Objet du marché public.

(Reprendre le contenu de la mention figurant dans les documents constitutifs du marché public. En cas d'allotissement, préciser également l'objet de la consultation.)

- Date de la notification du marché public : ....
- Durée d'exécution du marché public : ....mois ou .... jours.

4. Clauses contractuelles mises en œuvre.

(Préciser les clauses contractuelles du marché public, notamment les clauses du CCAG ou du CCAP, mises en œuvre pour la résiliation.)

5. Décision l'Autorité contractante.

(Compléter la rubrique correspondante des motifs justifiant la décision de résiliation du marché.)

5.1 Décision de résiliation pour événements extérieurs au marché public.

Conformément à la mise en demeure envoyée le ...., et réceptionnée le /../. L'Autorité contractante décide de résilier le marché public, à compter du /../.pour les motifs suivants :

5.2 Décision de résiliation pour événements liés au marché public.

L'Autorité contractante décide de résilier le marché public, à compter du /../, pour les motifs suivants :

5.3 Décision de résiliation pour faute du titulaire.

Conformément à la mise en demeure envoyée le /../.et réceptionnée le /../.l'Autorité contractante décide de résilier le marché public, à compter du /../.pour les fautes suivantes :

5.4 Décision de résiliation motif marché devenu inutile ou inadapté.

L'Autorité contractante décide de résilier le marché public, à compter du /../. pour les motifs que le marché est devenu inutile ou inadapté. suivants : ....
....

6. Modalités de la résiliation.

La résiliation est prononcée aux frais et risques du titulaire

Ou

La résiliation n'est pas prononcée aux frais et risques du titulaire

Il sera confié à une autre entreprise l'exécution, à vos frais et risques, des prestations suivantes, à compter du ../../.. :

Il vous est demandé, avant le ../../.. de : *(Choisir l'élément correspondant.)*

- remettre les prestations en cours d'exécution désignées ci-dessous ainsi que les matières et les objets suivants, détenus en vue de l'exécution du marché public : ....
- remettre les moyens matériels d'exécution précisés ci-dessous, spécialement destinés au marché public: ....
- exécuter les mesures conservatoires suivantes : ....
- vous présenter, ou de vous faire représenter, sur le chantier le ....en vue de la constatation des travaux exécutés et des approvisionnements existants, ainsi que de l'inventaire descriptif de votre matériel et de la remise de la partie de ce matériel qui n'est pas utile à l'achèvement des travaux *(uniquement pour les marchés de travaux.).*

Signature de l'Autorité contractante.

A le	**A le**
Signature de l'Autorité contractante.	**Avis Direction Contrôle des marchés publics**

****** *****

BIBLIOGRAPHIE

1. Code des marchés publics Sénégal Burkina Faso Côte d'ivoire, Cameroun, Bénin, RDC, Togo etc.
2. Rapport annuel ARMP –Sénégal 2016
3. Passation des marchés de Travaux, Dossiers types d'Appel d'Offres.
4. Passation des marchés de fournitures Dossiers types d'Appel d'Offres.
5. Passation des marchés de prestations intellectuelles Dossiers types d'Appel d'Offres.

****** *****

Structures éditoriales du groupe L'Harmattan

L'Harmattan Italie
Via degli Artisti, 15
10124 Torino
harmattan.italia@gmail.com

L'Harmattan Hongrie
Kossuth l. u. 14-16.
1053 Budapest
harmattan@harmattan.hu

L'Harmattan Sénégal
10 VDN en face Mermoz
BP 45034 Dakar-Fann
senharmattan@gmail.com

L'Harmattan Cameroun
TSINGA/FECAFOOT
BP 11486 Yaoundé
inkoukam@gmail.com

L'Harmattan Burkina Faso
Achille Somé – tengnule@hotmail.fr

L'Harmattan Guinée
Almamya, rue KA 028 OKB Agency
BP 3470 Conakry
harmattanguinee@yahoo.fr

L'Harmattan RDC
185, avenue Nyangwe
Commune de Lingwala – Kinshasa
matangilamusadila@yahoo.fr

L'Harmattan Congo
219, avenue Nelson Mandela
BP 2874 Brazzaville
harmattan.congo@yahoo.fr

L'Harmattan Mali
ACI 2000 - Immeuble Mgr Jean Marie Cisse
Bureau 10
BP 145 Bamako-Mali
mali@harmattan.fr

L'Harmattan Togo
Djidjole – Lomé
Maison Amela
face EPP BATOME
ddamela@aol.com

L'Harmattan Côte d'Ivoire
Résidence Karl – Cité des Arts
Abidjan-Cocody
03 BP 1588 Abidjan
espace_harmattan.ci@hotmail.fr

Nos librairies en France

Librairie internationale
16, rue des Écoles
75005 Paris
librairie.internationale@harmattan.fr
01 40 46 79 11
www.librairieharmattan.com

Librairie des savoirs
21, rue des Écoles
75005 Paris
librairie.sh@harmattan.fr
01 46 34 13 71
www.librairieharmattansh.com

Librairie Le Lucernaire
53, rue Notre-Dame-des-Champs
75006 Paris
librairie@lucernaire.fr
01 42 22 67 13

www.ingramcontent.com/pod-product-compliance
Lightning Source LLC
LaVergne TN
LVHW051353061026
849535LV00009B/3165
9782343226736